時を超える予言

②人生への活用編

ゴードン・マイケル・スキャリオン
金原博昭 訳・解説

まえがきに代えて

金原　博昭

まず初めに、本シリーズの原著者であるゴードン・マイケル・スキャリオン氏およびシンシア・キース氏をご紹介します。

ゴードン・マイケル・スキャリオン氏は、高次の意識（超意識）に繋がる能力が覚醒し発動した１９８２年以降、数え切れないほど多くのテーマ……将来の動向、アトランティス、輪廻転生《りんねてんしょう》、カルマ、魂のグループ、代替治療、人生の目的等々について、直感に基づく洞察を得ており、それを全世界の人々に提供してきました。また、スキャリオン氏は“Future Map of the World（世界の未来地図）”の作成者であり、これまでに数多くの形而上学《けいじじょうがく》分野のセミナーやワークショップを主宰してきました。

現在スキャリオン氏は、彼の配偶者兼パートナーであるシンシア・キース氏とともに米国ニューハンプシャー州の丘陵地に居住しています。これまで、形而上学分野の研究結果を本およびオンライン情報誌を含む種々の情報媒体でもって出版すると共に、全国ネットのテレビ番組やラジオ番組にも幾度となく出演してきましたが、数年前にこれらの啓蒙活動から引退されました。

シンシア・キース氏は前述のオンライン情報誌の共同執筆者であり、DVDプログラム"The Mandala Experience（マンダラ体験）"の創作者です。このプログラムには、直観力やくつろぎ状態を高めるための誘導心象や古代楽器による音楽が含まれています。キース氏はまた、健康・癒し・形而上学について、数多くの記事を執筆しています。

スキャリオン氏以外にも、このような特別の能力に恵まれて与えられた使命・役割を果たしている人はいましたし、私が知っているだけでも数名の能力者が、今も現役で活躍しています。しかし、特にスキャリオン氏の業績は、情報の有用性・信頼性という面で高く評価されているのです。

これらの能力者は、ほとんどすべて、自分を催眠状態に導くことで自分自身の高い意識（超意識）に到達し、そこから高次の情報を取り出しています。基本的にこれは「記録を読むこと」に相当するので、一般的にReading（リーディング）と呼ばれていますが、スキャリオン氏の場合は、彼が「導師たち」と呼ぶ存在を含むさまざまな高次元の情報源から情報を得ています。

スキャリオン氏から提供される形而上学的情報には、大きく分けて二種類あります。一つは私たちの毎日の生活に即応用できる実用的なもの、もう一つは、宇宙や大自然・超古代文明・タイムトラベル等に関する私たちの知的好奇心・知識欲を満足させ、知的レベルを引き上げるものです。

一方翻訳、および解説をさせていただく私、金原博昭《きんぱらひろあき》は、大学を卒業後、米国に本社のある多国籍複合企業ＴＲＷ（事業分野は18年ほど前まで宇宙開発・自動車部品・航空機部品等、現在は自動車部品のみ）に35年間在籍し、主として企画・営業に従事してきました。

現在は鎌倉に在住し、数学および神聖幾何学を含む超古代科学の研究、タロット・カバラーの学習と実践等に傾注するとともに、オリオン形而上学研究所（http://www.orion-metaphysics.com）を主宰し、月刊情報誌『ザ・フナイ』に連載記事を寄稿する等形而上学分野の書籍の翻訳や情報の発信等に専心しています。

スキャリオン氏による形而上学分野の啓蒙活動について初めて知ったのは、２００５年頃のことでした。すぐに会員になってニュースレターを購読しようとしたのですが、当時は海外送金をするのが今ほど簡単ではなかったため、会費の支払いに苦労しました。結局、郵便局から定額小為替（定額小為替証書）を購入してアメリカに送ることにより、やっと会員になることができたのでした。

初めてスキャリオン氏の著書“Notes from the Cosmos”やニュースレターに目を通したとき、その内容の素晴らしさおよび英語の分かりやすさに新鮮な感動を覚えたことを、今でもはっきりと覚えています。前述のとおり、スキャリオン氏は数年前に啓蒙活動から引退されましたが、今でもスキャリオン氏夫妻との交流は続いています。

さて、本シリーズ『時を超える予言』では、スキャリオン氏、およびキース氏からの情報を

1　超古代文明や地球外からの訪問者、および、私たちの通常の認識を超えた「同時存在の異なる現実世界」のような情報をまとめた『未知なる世界編』

2　人生の目的や輪廻転生、カルマの仕組み、自然界の宝石や色彩の持つパワーといった私たち一人一人の人生に役立つ情報を提供する『人生への活用編』

3　予見された地球の大変動、そしてその後に訪れる「平和と光の千年紀」を詳細に説明する『近未来予測編』

という3つのパートに分けて、じっくりとお伝えしていきます。

大きな時代の変化の中を生きる私たちにとって、示唆に富み大変有益な情報となっておりますので、どうぞ心ゆくまで情報をお楽しみいただき、ご活用いただけましたら幸いです。

まえがきに代えて

第1章

貴方の人生の目的を見いだす

【解説】人生の目的を自分で見つける

リーディングには、個人を対象にしたもの（パーソナル・リーディング）と一般的な主題に基づくもの（リサーチ・リーディング）があり、パーソナル・リーディングにおいては、人生の目的や過去生等、さまざまの情報が提供されます。

残念ながらスキャリオン氏は現在パーソナル・リーディングを実施していません。しかし、人生の目的であれば、私たちは自分でそれを見つけることができます。

今回のシリーズの中身はほとんどすべてスキャリオン氏の著作“Notes from the Cosmos”に基づいています。本情報はそれに含まれていませんが、私たちが自ら人生の目的を見つけるために極めて実用的で役に立つものとなっていますので、ぜひともご活用いただければ幸いです。

この世界に生まれる目的はたった一つ

私たち各々は目的を持ってこの世界に生まれてきます。たった一つであるこの目的は、私たちの誕生以前に私たちの魂によって定められます。それは過去生から持ち越したものかもしれませんし、あるいは、特にこの人生のために意図された新たな目的かもしれません。

その目的や地球での存在理由を見いだすのは、私たちの大部分にとって必ずしも簡単ではありません。それが何であるかについての明白なしるしを持って私たちがこの世界にやって来るのではないからですが、私たちは、生涯をかけてそれを見つけ出すことができるのです。

人生を生きるにつれて、私たちは、徐々に周りの世界について知るようになるのですが、さらにそのうち、家族や友人からの圧力・期待は言うに及ば

ず、インターネット、ソーシャル・メディア、テレビ、宣伝広告等を通じて外からやって来るもろもろの影響に、四六時中翻弄《ほんろう》されていることに気付きます。あまりにもこれら外部のパワーに影響されてしまうため、私たち自身の考えを確認するのが難しくなってしまうのです。ましてや、人生の目的などとんでもない、ということになってしまいます。

あなたの目的が何であれ、人生で為すすべての物事において、あなたは十中八九それを実例によって明らかにしようとします。常勤の仕事に従事しつつ、「自分の目的はエレクトロニクスに関わる謎や神秘を学べるエンジニアになることだ」とあなたは考えるかもしれません。しかし、それはむしろ興味の範疇《はんちゅう》であり、人生の真の目的というわけではないのです。

あなたの本当の目的は魂由来のものであり、「カルマを成就させるために自分の人生を使いたい」というあなたの魂の願望と関係があるのです。たとえばそれは、あなたが今の人生に持ち込んだ恐れに関係しているのかもしれません。つまり、あなたの目的は、その恐れを克服することかもしれないのです。

その一つの例は水に対する恐怖です。あなたが水を恐れているとしたら、もしかするとそれは、あなたが過去生で溺れて命を失ったことに起因するのかもしれません。ひょっとするとそれは、数多くの過去の人生において起きたため、非常に大変な恐怖になっているのかもしれないのです。その恐怖を克服して人生の目的を達成する方法の一つは、水に関わることを一生の仕事にすることです。そうすればあなたは、年がら年中それに立ち向かう立場に自分を置くことができます。

一旦《いったん》その恐れが弱まれば、それは次のような高次の直感に取って代わられます。「どうしたら自分は他の人々の役に立てるだろうか？ことによったら自分は、他の人々が水の恐怖に立ち向かう手助けができるのではないか？」このような自分の内からの促しによって、あなたは安全に水の中に入れるようになります。

このように、あなたのもともとのカルマ（すなわちあなたが取り組むべき根源的なもの）は、それから逃げるあるいはそれに背を向けるよりは、むしろそれに対峙《たいじ》し対処することによって解消されるのです。もし立ち向かわないで逃げたりすれば、別の人生で再度それに対処させせられるだけなのです。

人生の目的はカルマの負債を返済することかもしれませんし、ひょっとしたら、他の人々に奉仕することがそのための手段である可能性もあります。それはどんなことでもよいのです。なぜなら、私たち一人一人は魂からの促しに起因する目的を持って生まれてきており、魂は今生でそれを達成する必要があるからなのです。

ほとんどの人々は、彼らの人生の目的が何であったのかを意識的に理解することなく、あるいは、そのような目的があったのかさえも自覚せずに時を過ごしています。その目的を日々の生活の中で果たしているのであれば、それ自体は重大なことではありません。しかし、人生の目的をしっかりと把握できていれば、魂の願望の実現を目指して一層豊かな人生を生きることができるのです。

人生の目的、それは私たちの意欲をかき立てるものですが……、それを見いだすためには、心を静め、先ほど話した外部からの雑音や他の人々の意見・見解をすべて排除しなければなりません。人生において進むべき道や目的を見つけ出すためには、より信頼できる洞察力の源へと至らねばならないのです。その源こそが私たちの直感なのです。

人生の目的を見いだすために直感を使う

直感は、学ぶことによって得られる特別な技能ではなく、五感のような感覚です。まだ科学的にはそのように認められていないにしても、「直感は私たちすべてにおいて機能している」と言っても差し支えありません。

直感と意欲・活力は互いに盟友です。私たちは直感に促されて行動を起こします。たとえばあなたは、長年陶芸の講座を受講したいと思ってきたかもしれません。しかし、いまだかつて、充分な時間や資金、あるいはそれに踏み切るための圧倒的な理由はありませんでした。

ところが、まったく突然、それをしようとする衝動があまりにも強烈になったため、陶芸教室について調べ始めます。陶器販売の雑誌を見るだけでなく、陶器のスケッチまでし始めます。とうとう内なる意欲が非常に強くなり、その結果、あなたは一歩踏み出して行動を起こすのです。時間や費用あるいは目的等にはこだわらず、陶芸教室の受講を申し込みます。

この例において起きたことは、あなたの直感があなたを導いて行動を起こすように促した、ということです。それはあなたの内なる推進力として表れました。もしかしたら、それは単に行動を起こさせた時期の問題である、と言えるかもしれません。しかし私（ゴードン・マイケル・スキャリオン）は次のように示唆します……タイミングは重要ですが、実際のところそれは自分の内なる衝動であり、行動を決定する自分の直感に耳を傾ける能力である……と。陶芸教室を例に取れば、それは陶工としての専門職へ道を開いてくれます。それは充実したものであり、あなたに創造の喜びをもたらすという意図があります。そして、あなたにとって創造性を発現することが今生における目的なのかもしれません。

私（スキャリオン）は心底から魂の生まれ変わりを信じており、私たちが過去生において積み上げた経験に基づく専門職をしばしば繰り返している、と確信しています。いくつかの過去生において、私たちは特定の専門職の技能を習得しているかもしれません。その場合、私たちは容易にそれを今生で適用し生かすことができます。

あるいは、ある種の職業や技能の習得を目指したけれども、その特定の努力においては不満足なままその生涯を終えたのかもしれません。その場合私たちは、その過去生で始められた仕事の達成を今生の目的として選ぶかもしれないのです。

いかなる場合でも私たち各々は、ある程度ではあるけれども、人生の目的を成就するために一生の仕事を選びます。たとえば、陶芸の仕事によって静謐《せいひつ》を保つことを学べば、創造性が湧き出るようになりますし、この静かな時間を過ごすことにより、人生のさまざまな状況に対処する最善の方法がはっきりと分かるようになるのです。

二十一世紀に生きる私たちが直面している最大の困難は、気候の変動や環境汚染ではなく、暴力の問題でもありません。もちろんこれらは重要課題には違いないのですが、さらに難しい点は、絶え間なくやって来てその瞬間その瞬間私たちに影響を与えているものからうまく逃れる方法をどうやって身に付けるか、なのです。

すでに冒頭で述べたこの外部の影響、仕事のペースの速い職場、子どもたちの間のバランスを取ること、人間関係、等々、これらすべてはストレスを生み出します。本来私たちは、直感によって導かれ、自分たちにとって最も望ましい方向に進むことができるのですが、このストレスによりそのような能力が制約されてしまうのです。

それでは、「私たちの人生の目的を見いだし、希望を抱きつつそれを達成するための仕事を探し出す」というプロセスに、どうやったら着手できるでしょうか？　その秘訣は、その機会が訪れる時期をはっきりと知ることなのです。その確かな手掛かりは私たちの心中にあります。もしも内なる衝動が何度も繰り返し湧き上がってきて、そのままほうっておけなくなったのであれば、それがまさにその機会なのです。もしもあなたが毎日の生活において、言葉やイメージあるいは衝動が連続して繰り返し浮かんでくるならば、それは、「あなたの直感があなたに話し掛けて目的を成就するように強く促している」ということなのです。

あなたが成功するためには、あなたの目的は真実のものであり明確ではっきりしていなければなりません。それは対立や恐怖によって覆い隠されていてはならないのです。そして、最も重要なことですが、それはあなたに達成感をもたらすものでなくてはなりません。あなたは自分の選択に満足感を得なければならないのです。

たとえば、私（スキャリオン）の人生の目的は、直感および見えざる形而上学の世界からもたらされる恩恵について人々に教えることです。人々が私の経験や洞察から何かを得るならば、それによって私は満足感を味わいます。私はまた、これらの世界について絶えず学ぶことにより何かを得ています。言い換えると、それは私の人生をあらゆるレベルで包み込んでいるのです。

しかし極めて多くの人々の心の内では、直感を受け入れることと恐れとの間で戦いが繰り広げられています。私たちは直感が現実のものであるとなかなか信じられないのです。そこで、直感なるものをもう少し探求してみましょう。大抵私たちは事後に、直感があったことに気付きます。

たとえば私は、投資の分野で働いている人たちをたくさん知っていますが、彼らはしばしば私に「何となくその株を買うべきだという気がした」と言いますし、建築請負人や建設業者は、「あの土地を見たときにそれを買うべきだという気がしたけれども、その直感に従って行動しなかった」と言います。

そのように私たちはたびたび、直感に基づいて決定しなかったことを事後に知るのです。この点をうまくやるこつは、「内なる衝動が起きたときにそれに対処する方法」を身に付けることです。まず私たち各々は、私たちの体がそのような衝動に反応する仕方をはっきりと知ることが必要です。それは一人一人異なりますので、普遍的な規則はありませんが、私はそれらを簡素化して次の三つの要素にまとめることができました。これによって直感が確かに存在することが分かります。

1. 身体感覚：あなたは実際に何かを感じ、あなたの体が感覚的にそれに反応します。時たまそれは第六感と見なされます。これを「身の毛がよだつ」と表現する人もいますし、「寒気がする」と言う人もいます。既視感、これは「実際には見ていないのに以前見たことがあると感じること」ですが、これを体験する人もいます。これらが生じるとき、あなたはそれが何であったかを思い起こし、その感覚がどんなものであれ、それに対し行動を起こさねばなりません。

2. 透聴力：内なる声を聴く人もいます。一般的にこれは自分自身の声なので、あなたはそれに聞き覚えがあります。それは直感的なレベルからあなたに行動を起こすように促します。それは、たとえば、「お母さんに電話する必要がある」というものかもしれません。あるいは、電話が鳴ったとき、誰が電話してきたかをあなたの内なる声が識別することがあります。ですから、内なる声は直感のもう一つの様式なのです。

3. 透視能力：私（スキャリオン）にとって極めて日常的な直感があるのですが、それは心象を見ることです。これは画像あるいは動画として表れます。たとえば私がテレビで映画を見ているとき、突如部屋の照明が消え、私の目の前で異なる映画が上映されていることに気付きます。それは私の心の中で創りだされたものであり、私にはそれが分かっているのです。

それはたった数秒間だけのときもあり、一分ないし数分続くこともあります。それは多くの場合、潜在意識のレベルで私が取り組んでいるけれどもまだ行動に移していない物事のスナップ写真のようなものです。これらの画像を心の中で見ることにより、私は、それらを考慮して対処すること、あるいは、実際に何らかの行動を起こす必要があるかどうかを確認すること、等をせざるを得なくなります。

これらは、人々が直感を経験する最も一般的な三種類の方法です。あなたは、これらのうちのどれかの方法で直感に基づく情報を受け取ります。あなたがどのように直感情報を受け取るのかをあらかじめ知っておくことは非常に重要です。それによって、実際に情報がやって来たときに、あなたがそれを認識できるからです。

まるで直感に基づく経験をしたかのようにあなたが感じたとき、それを日記に書き留めておけば、それによって、あなたの直感の正当性が確認されるだけでなく、それがあなたにとって役立つことが実証されます。

人生におけるすべての物事と同じく、私たちが何かを始めるとき最初はあまりうまくいきません。しかしあきらめずにそれを続ければ、その習得方法を学べるものなのです。まさに「好きこそものの上手なれ」です。それは新たな外国語の学習に似ています。うまくなるに従い、それに対する私たちの自信が高まり、能力そのものも増大します。この点は直感能力についても同じなのです。

外に出て行って直感力を養うのではありません。それはすでにあなたの内にあります。これまでずっと休眠していただけなのです。それを目覚めさせ活用することが必要です。

特別の授かりものを見いだす

他にも考慮すべき点があります。それは、私たちが生まれながらに持っている特別の授かりものであり、それが私たちの人生における目的の実現に役立ちます。それは私たちの生得の権利なのです。まず初めに、他の人々と同様、あなたにも特別の授かりものが備わっていることを認めることが重要です。これらの能力は一歳ないし二歳になるまでに現れ始めます。もしも表現の自由や創造性を育んでくれる家族に恵まれれば、その能力は早期に開花し、増大していきます。

このようなあなたの能力が見つかるのは、子供時代、十代のころ、中年期、あるいは晩年かもしれません。「人生を再び生きられるのなら、今度は違ったことをするのだが……」というセリフをあなたはしばしば耳にしたことでしょう。私はあなたに請合いますが、実は、そう言う人の誰もが、その授かりものを見いだす機会を人生の間中ずっと与えられていたのです。そのような機会は、夢や願望的思考、他の人々との会話、あるいは直感のひらめきの中にあったのかもしれません。

このような授かりものは過去生に起因します。たとえば、あなたは前世でピアニストだったのかもしれず、その場合、その演奏能力は今生においても有効であり、それはあなたの魂の中にあるのです。それが開花するかどうかは、多くの要因によって決まります。

あなたには少なくとも数百の過去生があるので、非常に多くの授かりものがあるはずです。そのうちで顕在化するのは、大体において今生最も重要と考えられる能力や技能です。たとえば私たちが過去生において、創造性を充分発揮できなかったと感じた場合、独創性を発揮するという目標を設定し、今生においてそれを達成する最高の機会が得られるような環境条件、すなわち両親、生まれる時間および地理的地域を選ぶのです。

大概私たちは授かった能力を認識していません。あるいはそれを使うのをためらったり、その価値を知ろうとしません。しかし、あなたの人生行路の重要な時期に、それを用いるべきかどうかを熟考する機会がやって来ます。それは占星学上の影響に基づきます。

占星学的影響を認識する

占星学はコンピューターの計算に基づく予定表のようなものです。ある特定の時期に特定の書類や記録が開いて有効になります。あなたの誕生宮と占星図に基づいて、ある特定のパワーがあなたに対して生み出され、あなたの能力を引き出してくれるのです。特定の時期にその特別のエネルギーがあなたに影響を与えます。それは大きく作用することもあり、ささやかに働く場合もありますが、あなたの肉体面・精神面・霊性面に影響し、一定の周期に基づいてやって来ます。それらは太陰周期、太陽周期、および太陽の自転によって変更されますが、一日も欠かすことなく起きて、あなたの占星学面の状態を修正します。

他にも、惑星自身が特定の配置にある場合の影響のようなものがあり、あなたの人生の全期間にわたって影響を及ぼします。周期的にやって来る占星学的影響は容易に認識されます。なぜなら、あなたがやりたかったことやしたいことを、そのときあなたが再考し見直し始めるからです。

人生の目的を話題にするときに考慮すべき重要な占星学上の周期の一つは、約28年ごとにやって来る大きな周期です。あなたが自分の人生を振り返って授かった能力を見直し、あなたが達成したことやこれから達成したいことを再検討する……そのような機会が与えられるのは、まさにこの時期なのです。この周期は主として土星によって支配されますが、土星単独ではなく、太陽の配列にも大きく関係しています。

しばしば土星の回帰として言及されますが、人生の28年目、56年目、84年目等に、あなたの前にかざされる鏡のような働きをします。自分がした選択、あるいは、自分がどこに向かって進んでいるのかについて熟考するチャンスが、その時期に与えられます。破壊者として現れる土星は、あなたがもはや再循環させたくない物事を投げ捨てる場所と見ることができます。「私はこれをやったし学んだ、だからもはや同じパターンは繰り返したくない」と言ってそれを脱ぎ捨て、それから抜け出す所なのです。

これはその年を自分で振り返ることにより裏付けられます。もしもあなたが35歳を超えているならば、28歳のときに何があったかを回顧してみてください。また、もしもあなたが28歳に近づいているならば、今何が起きつつあるかを見てほしいのです。それは、あなたが熟知していた人生が大きく様変わりする時期なのです。それ以前の人生は、たとえ仕事や人間関係等の面では不運であったとしても基本的には安定しており、それが変わるなどとは考えもしなかったのかもしれませんし、あなたは人生をあるがままに受け止めていたのかもしれません。

しかし、この時期に入ると、あなたが意識的に引き起こしたわけでもなく、あなた自身に明白な落ち度がないにもかかわらず、あなたの人生に変化が生じるのです。あなたはその期間に何らかの人間関係を失ったかもしれませんし、健康上の危機に遭遇したかもしれません。また、その時期の移転や転職もあり得ます。それらは当初弊害をもたらすように思えたかもしれません。しかし、あなたの魂は、あなたがその変化を乗り越えて目的達成のための道に戻ることを、あなたの人生設計に組み込んでいるのです。

これらの期間中は、自分の内からの直感的導きを受け入れやすいのです。あなたに作用している占星学的影響は非常に強く、あなたはそのエネルギーと共に進むこともできますし、あるいはそれに抵抗することも可能です。もしもそれに対抗すれば、ほとんどの場合、健康上の問題や事故あるいは失業のような不利益な物事が起きやすくなります。しかし、もしもあなたがそれをあるがままに受け入れ、それを変化の機会と見なして共に進むならば、必ずしもその期間が不都合な結果をもたらすとは限りません。あなたの人生の目的を達成するために、それを正しい方向に戻る道に変えることは可能なのです。

以上述べたことを要約すると、あなたの人生の目的は、あなたの魂から湧き出る衝動や促し、転生時に持ち込んだカルマ、転生時に携えてきた能力、そして誕生前に為した選択に関係しています。これらがあなたの配ったトランプカードなのです。私たちが実際にこれらの選択をしたかどうかについては、議論の余地があります。これを霊性の観点から考えてみましょう。私（スキャリオン）の経験に照らしてみてみると「私たちは明らかにこれらの選択をしている」と言えるのですが、それは独りではなく、共に転生することを同意した他の人々（あなたの両親を含む）と一緒にしているのです。

私たちは転生の際に自分たちが配ったこれらのカードを持っているのですが、それらのカードでもってどのように人生ゲームをするのか、実はこれが最も重要なのです。私たちは、家族や友人・知人からやって来るたくさんの感情的なお荷物を抱えることになります。それらは必ずしも霊的実体としての私たちが転生時に持ち込んだものではないのですが、私たちが配った一組のカードの一部を成しているのです。

しかし、これらすべての根底にあるものは、私たちの魂からの促しなのです。それは、私たちが人生の目的を成就する方法を見いだせるように、あらゆる可能な方法で私たちの注意を引こうと努力し続けているのです。

直感を使って人生の目的を見いだすためのワークショップ

あなたに授けられた能力を発見し、人生目的を達成するためにそれをどのように活用すればよいかを知るには、毎日わずか7分間を費やすだけで充分なのです。

この日課の実施中は、いつでも直感情報を受け取れるように、心を沈静化することが大切です。すでに私は、直感がやって来る三つの様式、すなわち1．身体感覚：第六感的なもの、2．透聴力：内なる声、3．透視能力：心象について述べました。

私はこれを毎日行っていますが、そのときはただ、心象が私の心にひょいと入ってこられるようにしています。私の場合は視覚的に情報を受け取るので、心の中に白いスクリーンを創ります。数秒かかりますが、そのスクリーンは真っ白で何も書かれていません。心象が入って来ると、それを心で記録するか、あるいは物理的に書き留めます。それから心の中のスクリーンに戻り、心象が継続して入ってこられるようにします。

もしもあなたが聴覚タイプであれば、あなたに話し掛ける声が聞こえ、画像の代わりに情報を提供します。また、もしもあなたが身体感覚的に情報を受け取るタイプであれば、何らかの新たな洞察が得られます。

私はこれを自由形式の瞑想《めいそう》と呼んでいますが、それはある意味で、あなたに相通じさせたいと潜在意識が望むどんな情報をも受け取ることのできる方法なのです。夢見あるいは明晰夢《めいせきむ》※の状態に非常に似ています。

あなたがもっと明確で具体的な情報を望む場合は、方向性や一貫性を情報に与えれば、あなたの潜在意識が最もよく働くようになります。たとえば、今日から21日間あなたの潜在意識に、「私に授けられた能力についての情報、および、私の人生目的を達成するためにそれらをどのように活用すべきか、に関する情報をご提供ください」と言うのです。もしもあなたがこの日課を21日間堅実に実施すれば、あらゆる種類の情報を得ることができます。

同じ情報がすでに夢見の際にやって来ています。それはあたかも、常時私たちを助けようと努力している家庭教師や教導者が内に存在しているかのようです。しかし、私たちは日常生活に忙殺され、それに注意を払わずその声に耳を傾けていない可能性が高いのです。それゆえ、毎日の7分間は内面的な学びの時間であり、そのとき内なる教導者に、「援助、力添え、明確さを与えてくださるようにお願いいたします」と言うのです。そして、それを毎回日記帳に書き記します。21日後にそれに対する答えが得られます。

これらのささやかな要請を続けるには忍耐が要りますが、それを試すこと、および、やって来る感覚・声・心象に注意を払うことが必要です。好機は常に存在しますが、その時期は今ではなく、来週でも、日課を実施しているときでもありません。日課を行うことによりチャンスが増幅され、明確化されるのです。なぜなら私たちは、自分たちが望んでいる結果の形成に意識的に参加しているからです。

この日課の難しさは、あなたの直感が入ってこられるように、充分長い間心を沈静化することにあります。それができれば、高次の意識世界に自由に出入りできるようになります。成功を現実のものにするには、一日一回わずか7分間を費やすだけでよいのです。それによってあなたは、あらゆる障害や物事を不可能とするすべての言い訳を過去のものとすることができるのです。

※明晰夢：睡眠中に見る夢のうち、自分で夢であると自覚しながら見ている夢のこと。

貴方の魂は好き勝手をします（シンシア・キース）

もしもあなたが自分の人生の目的についてあれこれ思いを巡らせているのなら、何も心配しないでください。あなたの魂は、あれこれの方法を使って、できるかぎりそれをあなたに知らせようとしていますし、私たちは、生涯を懸けてそれを見つけ出すことができるからです。しかし、すぐにでもそれができればなおさらよいのです。なぜなら、私たちの魂は好き勝手をしますし、場合によっては、選択された道に私たちを向かわせる上で、非常に思い切った処置を取るからです。

これらの処置は、「健康上の危機や事故」から「生活の全面的な破綻」まで、多岐にわたります。もしもあなたが、ある特定の方向へ向かうように促されているけれども、数えきれないほどの言い訳でもってそれに同意していないのなら、気を付けなければなりません。あなたの魂がそれに干渉する手段を見つけ出しかねないからです。

ゴードン（スキャリオン氏）は、講演やセミナーおよび彼の著書“Notes from the Cosmos”において何度も述べたように、まさにこれを経験しました。彼は健康上の危機とそれに続く超自然的な経験によって普段の生活から切り離されたのです。それによってゴードンは、彼の人生のみならず、「超自然的なパワーでもって今後何をすべきか」を再考せざるを得なくなりました。その結果彼は、「自分の身に起きたことが一体何であったのか」を探求し始めたのですが、それが彼の直感力の新たな認識と人生の新たな方向へと彼を導いたのです。

それには不都合な点もありました。それは経済的およびそのほかのすべての面で、全面的に一からやり直さねばならなかったことです。多くの場合、魂からの促しの声に耳を傾けたとき、古くからの友人や家族でさえも、必ずしも私たちの新たな選択を受け入れてくれるとは限りません。

私（シンシア・キース）がゴードンに会ったのは、彼の人生のそのようなときであり、私もその時期、自分自身の健康上の問題から立ち直りつつあったのです。私としては離婚した後、経済的に無一文の状態で、四人の幼い娘たちを育てるのに四苦八苦していました。結婚生活の終わり頃にはすでに学業に復帰しており、私自身は常に創造的な努力を続けたいと望んでいたものの、実際は専攻を一般教養課程からビジネスに切り替えていました。なぜなら、いわばそのとき、私は不吉な前兆を感じていたからです。もしも私が経営学学位を取得しておけば、娘たちを扶養できる可能性が高まると考えたのです。

そういうわけで、私は会計士として働きながら私自身と娘たちを養っていたのですが、そのとき突如重病にかかり、病院の緊急治療室に入ることになってしまいました。痛みがひどい状態だったのですが、皆目病気の原因が分からない医師たちは、私に試験開腹を勧めてきました。あのときの私は心身共に絶不調で、果たして生き延びることができるかどうか、まったく分からないほどだったのです。

当時私の友人の一人が代替治療を試みていました。彼女は私に、病院から出て彼女が推奨する代替療法の医師の診察を受けるように勧めてくれました。私は彼女の勧めに従いました。そして、その後の数週間、流動食・瞑想・振動治療を含む治療計画に基づいて療養に励みました。

私がゴードンに会ったのはその頃でした。皮肉なことに、二人がまだ子供の頃、私たちは互いに通りを隔てた向こう側に住んでいたのですが、双方の家族は、私たちが高校に進学する以前に別の場所に引っ越してしまったのです。

病気から快復後、仕事には戻ったものの、その職場には長い間留まれないことが分かっていました。しかしすでに私は、その頃までにはゴードンと一緒に働いており、執筆を通して自分の創造力を活用していたのです。この仕事は今日まで続いています。

そして、数年前に、大好きな油絵を通して創造性を発揮する、という趣味の活動に再び取り掛かりました。長年ずっと、それをしたいと思っていたのですが、その都度生活が優先され、結局はやめざるを得なかったのです。それゆえ、今はそれを楽しむことができて本当に満足しています。

以上お話ししたことの要点は、「あなたの魂の促しの声に耳を傾けることが重要である」、ということです。さもないとそれは、あなたの今生あるいは来生において好き勝手をしてしまいますから。

第2章

ヒーリング
（癒し）

【解説】未来を見据えた治療法エネルギー・ヒーリング

本章でお届けするのは、私たちの毎日の生活に即応用できる実用的な情報です。ここでは、現時点で代替治療の手法と考えられているエネルギー・ヒーリングに焦点が当てられています。

エネルギー・ヒーリングとは、自然界に存在する多様なエネルギーとつながり、そのエネルギーを利用して自分を、あるいは他者を癒す手段です。施術者の体から出るエネルギーによって行われる施術（施療）を指して、エネルギー・ヒーリングと呼ばれます。

スキャリオン氏によると、エネルギー・ヒーリング、とりわけ磁気力によるヒーリングが、未来における主流の治療法になるようです。事実、スキャリオン氏は、未来に用いられる医療診断・治療システムのような装置について具体的に述べていますが、これは磁気力に基づくものです。

エネルギー・ヒーリングについては、今までに、エドガー・ケイシー氏をはじめとする高名なリーディング能力者たちが、素晴らしく実践的で有用な情報を豊富に提供しています。しかし、今回お届けするスキャリオン氏・キース氏の記事には、従来必ずしも明確に説明されていなかった重要な点が数多く含まれています。それらを以下にまとめましたのでご覧ください。

1. 大抵の場合、カルマと称されるものと人生経験の取り合わせが病気の原因である。その人生経験には、生活様式、栄養摂取および環境条件が含まれる。癒しのエネルギーを受ける人たちは自ら進んでその癒しを欲する必要があり、いとわずに、自分たちのカルマに違った方法でその役割を演じさせねばならない。つまり、まず病気を患っている人自身が癒しを望む必要があり、もしもそうであれば、他の人々がそれを助けることができる。

2. 多くの場合、病気というものは、人々のカルマが苦心して自らを成就させる手段である。もしもその人々が自分たちのカルマを受け入れ、それを異なる方法で成就させるのにやぶさかでなければ、彼らの病気は事実上跡形もなく消え去る。

3. すべての病気はある程度その病気を患っている人によって支配されている。その人の思いや考え、カルマ、生活様式、罪悪感等、その人の内分泌系に影響を及ぼすものは何であれ、健康面に障害を引き起こす。

なぜなら、内分泌系は、地球と太陽のパワーが途切れることなく自己補充・再充電をして、その人が高次の意識に達するのを可能にするシステムだからである。もしもそのシステムの内にそれを妨害するものがあれば、その人は病気になってしまう。

4. 非常に才能のある優れた治療家であっても、患者の体に手を置くだけで即刻癒しが自動的に実現するわけではない。患者が癒しを受け入れ、それに期待している場合にのみ治療が成功する。

5. 振動エネルギーに基づく癒しのうちでは磁気力による癒しが最も強力である。太陽から地球へエネルギーが流れ、そしてまた太陽に戻っているが、磁気力はそのエネルギーの通路の一部を形成しているためである。人の身体は生まれながらにこの大いなるパワーに同調しているので、癒しをもたらすのに磁気力を利用することができる。そこでは極性が作用している。病気を患っているとき、患者の体の自然磁気力は不均衡になっている。極性は変化するので、もしも病んでいる臓器の極性が均衡状態に戻れば、癒しが実現する。

6. 健康に危機的な状況が生じた場合、それは単に身体面のみならず魂の危機である可能性がある。それは、いわばハイアーセルフ（高次元における自分自身）がその人に余儀なく小休止をとらせるための手段として用いた、という可能性であり、この点を理解することは極めて重要である。

日本にも、エネルギー・ヒーリングの達人と呼ばれている治療家の方々がおられ、日々献身的に治療活動をされています。今回の情報が、その方々にとっても未来への羅針盤のような役割を果たすことを願っています。

ヒーリング（癒し）の世界を探求する

いつそうなるのか分かりませんが、私たちはだれしも病気や怪我をします。医学的介入、すなわち医学に基づく治療は、多くの場合、人々を健康状態に戻すという目覚ましい仕事をしてくれます。しかし、健康回復には別の方法もあるのです。とは言っても、医療専門家は必ずしもそれを認めていません。

今回、私（スキャリオン）とシンシア・キースは、高次意識における質疑応答セッションを通じて、ヒーリング（癒し）の世界を探求します。

キース：今日私たちは、現在と未来における癒しについて話します。まず初めに、形而上学的見地から『癒し』を定義していただけますか？

スキャリオン：癒しとは、「病気や怪我で苦しんでいる人が均衡・調和のとれた健康状態に回復すること」、であると考えられます。形而上学的観点からみると、病人・怪我人に対して非物理的エネルギーという形で外部からの治療介入が行われているとき、それは癒しが為されていることになります。

キース：現在、自分自身や他の人々を癒すことは可能ですか？

スキャリオン：それはこれまでずっと可能でしたし、現在も可能です。心の働きである思考や想像は物質次元を超越し、高次の意識レベルあるいはハイアーセルフ（高次元における自分自身）に達することができるのです。

キース：それはどのように働くのですか？

スキャリオン：癒しのパワーを送るというハイアーセルフからの指令があると、

心がそれを受けて内分泌腺※を活性化させます。これらのエネルギー・センターが活性化すると、ハイアーセルフがより大きな影響力を発揮するのです。

加うるに、肉体の周囲数インチのところに二番目の体であるアストラル体が存在します。この精妙な体は魂と肉体の中間の体であると考えられます。普通の人には見えませんが、非物質の世界を感知できる人には見えるのです。

肉体内のエネルギー・センターが活性化すると、物質界に影響を与えることのできる強いパワーをアストラル体が創生し始めます。たとえば、明確な癒しの思念が、電波信号のように発信されるのです。もしもそのパワーが意図的にある特定の人に向けられれば、それは瞬時にその人に届きます。物質界で経験される時間の遅れというものはありません。なぜなら、非物質界には時間が存在しないからです。

癒しのエネルギーを受け取る人はそれに気づくかも知れないし、あるいは気づかないかもしれません。しかしそれでも、ちょうどラジオが電波信号を受信するように、癒しのエネルギーはその身体に届くのです。その人がそれを取り入れるかどうかは、その人の願望や意欲の程度によって決まります。たとえ始めはその効果が小さいにしても、もしも癒しのエネルギーを強く欲するなら、そしてそれが続けて実施されるならば、癒しの効果は大きくなっていきます。

キース：癒しの思念を発する人は、癒しの対象になる人の近くに居る必要がありますか？

スキャリオン：たとえ癒しのエネルギーの発信者と受信者が異なる場所（国、県、市等）に居ても、違いはありません。高次の意識という観点から見れば、場所や距離は問題ではないのです。もしも二人の間の距離が小さい（たとえば同じ部屋）ならば、助けになる二次的なエネルギーが生み出されますが、それは必ずしも必要ありません。

キース：感情、特に愛情はどうなのでしょうか？　たとえば、病気になっている子供への母親の愛、あるいは、特定の人への家族の愛は、同じ種類の癒しを喚起するきっかけになりますか？

スキャリオン：それは癒しの効果を増大させますが、種類としては異なります。愛のエネルギーは絶えることなく流れ続けています。それには癒しのエネルギーのような特定の対象がありません。母の愛、家族や友人への愛……これらすべてはちょうど水の流れのように絶えず流れているのです。

キース：それは癒しの思いとどう違うのですか？　そのような種類の思考形態は、愛とどのように異なるのですか？

スキャリオン：愛する人々に対する優しさや思いやりは持続的であり、大抵の場合、潜在的な感情であって絶え間なく湧き出ています。いわば、表面に出ないで常に流れているのです。

一方、癒しの思念には緊急性があります。それは特定の結果を生み出すことに焦点を合わせ、それに向けられるのです。穏やかな状態の風雨と正確な雷撃の間の違いのようなものです。

※内分泌腺：私たちを高次元の霊的な力の源につないでくれる内分泌系の器官。太陽・地球のエネルギーは、内分泌腺を通ってそれらの各々に対応するエネルギー・センター（チャクラ）を活発にする。

人はなぜ病気になるのか？

キース：どのような病気も癒すことができますか？

スキャリオン：ここで知っておくべきことは、大抵の場合、カルマと称されるものと人生経験の取り合わせが病気の原因である、ということです。その人生経験には、生活様式、栄養摂取および環境条件が含まれます。これを知った上で、他の人々の癒しに役立つことを願う場合、癒しのエネルギーを受ける人たちは自ら進んでその癒しを欲しなければなりません。癒しの対象となる人々は、いとわずに、彼らのカルマに違った方法でその役割を演じさせねばならないのです。

実際には、あなた方がたびたび耳にするように、どれだけ医学に基づく治療や非物理的エネルギーによる治療介入をしても、また、結果としてどんなに不公正で無益のように思われたとしても、多くの場合、病気は最終的に死で終わります。それゆえ病気の人々は、自ら進んで癒しを願い、自分たちのカルマが異なる方法でその役割を果たすのを容認しなければならないのです。

すなわち、多くの場合、病気というものは、人々のカルマが苦心して自らを成就させる手段なのです。もしもその人々が自分たちのカルマを受け入れ、それを異なる方法で成就させるのにやぶさかでなければ、彼らの病気は事実上跡形もなく消え去ります。そしてその時、癒しのエネルギーによる介入が助けになります。しかし、ここで知っておくべき重要な点が一つあります。それは、「すべての病気はある程度その病気を患っている人によって支配されている」、ということなのです。

キース：病気を患っている人によって、ですか？

スキャリオン：その人の思いや考え、カルマ、生活様式、罪悪感、等、その人の内分泌系に影響を及ぼすものは何であれ、健康面に障害を引き起こします。なぜなら、内分泌系は、地球と太陽のパワーが途切れることなく自己補充・再充電をして、その人が高次の意識に達するのを可能にするシステムだからです。もしもそのシステムの内にそれを妨害するものがあれば、その人は病気になってしまうのです。

キース：あなたが言っておられることは、まず病気を患っている人自身が癒されることを欲する必要がある、そして、もしもそうであれば、他の人々がそれを助けることができる、ということですね？

スキャリオン：その通り。ここで留意すべき点は、その人は必ずしも自分が癒しを望んでいることに気づいていないかもしれない、ということです。もしも自分が癒しを望んでいることにその人が気づいているのであれば、もちろんその気づきは、その人の体内に存する魂（カルマの源）から生じた直接的な結果なのです。

キース：幼児や小さな子供の場合はどうですか？人生のその段階では、有害な思いや立ち居振る舞いがカルマに繋がることを認識していないだろう、と思われますが……。

スキャリオン：その幼児の魂がどのような人生行路をとるのか、今生に何を望むのか、あるいは、その幼児が人生の過程で接する人々にどのような影響を与えるのか……私たちには分かりません。

キース：特定の種類の癒し、たとえばレイキ[※1]やハンズオン・ヒーリング[※2]のようなエネルギー・ヒーリングについて説明していただけますか？

スキャリオン：これらはすべて有効な手法です。施術者は、すでに説明したパワーと同じものを用います。すなわち、施術者の身体がそのパワーを導く水路の役割をするのです。それがこれらの手法の成功の鍵です。

さて、エネルギー・ヒーリングの場合、施術者は癒しを必要としている人（患者）の体に手を置いてもよいし、あるいは、そのすぐ近くから癒しのエネルギーを送ってもOKです。癒しの手法はたくさんありますが、そのどれを用いるにしても、その有効性は施術者の信念体系に依存するのです。もしもそれが強固で確固としたものであれば、癒しのパワーは患者の体に浸透します。そして、もしも患者が癒しを欲しているならば、そのパワーは受け入れられます。

ここで肝に銘じておくべき点は、非常に才能のある優れた治療者であっても、患者の身体に手を置くだけで即刻癒しが自動的に実現するわけではない、ということです。患者が癒しを受け入れ、それに期待している場合にのみ、治療が成功するのです。

※1レイキ：日本発祥の民間療法として全世界に広がっている手当て療法・エネルギー療法の一種。施術者は患者に軽く手を当てる、もしくは患者の真上に手をかざして、手のひらから「レイキ」というエネルギーを流して患者の癒しを促す。

※2ハンズオン・ヒーリング：受ける人の身体に施術者が手を置いて行う癒しの手法。施

術者は手を使い、人間の生命エネルギー場を通して肉体と心に働きかけ、癒しを促す。

魂の危機を見極める

キース：次に医療診断についてお聞きします。施術者が、応用運動学や筋力テストのようなエネルギーに基づく手法を用いて、患者の健康回復に何が必要であるかを見出すことは可能ですか？

スキャリオン：そのような手法を用いた場合、施術者は、不均衡になっている部位を患者の体自体が示せるような方法で、患者の体に波長を合わせるのです。これが上手くいくかどうかは、まさに施術者の能力次第です。

言うなれば、まず施術者がその時の状況に応じて患者の体に波長を合わせます。そして、自分の内にある霊能力に基づき、どの部位が癒しのエネルギーを必要としているのかが感知できる諸条件を、患者との間に設定するのです。

キース：音や色彩のような振動エネルギーに基づく癒しについてお話しください。

スキャリオン：これもすでに述べたような状況において効力を発揮します。振動のパワーの中では磁気力が最強です。なぜなら、太陽から地球へエネルギーが流れ、そしてまた太陽に戻っているのですが、磁気力はそのエネルギーの通路の一部を形成しているからです。人の身体は生まれながらにこの大いなるパワーに同調しているので、癒しをもたらすのに磁気力を利用することができるのです。

そこでは極性が作用しています。病気を患っているとき、患者の体の自然磁気力は不均衡になっています。極性は変化しますので、もしも病んでいる臓器の極性が均衡状態に戻れば、癒しが実現するのです。すでに述べたように、振動エネルギーに基づく癒しのうちでは磁気力による癒しが最も強力です。

私たちには、この手法が活用され、それに関する訓練が行われている未来が見えます。と言っても、一年後の未来ではなく、『新たな始まり』が現実のものとなる、そのような未来です。

キース：磁気力による癒しはどのように使われるのですか？

スキャリオン：患者が非常に大きな装置の前に立ち、それに寄り掛かります。その装置が患者の身体の精密検査をして、もしも特定の臓器に問題があれば、不均衡状態にあるその臓器を明示するだけでなく、その臓器の極性をも示します。さらにその装置は、不均衡の出どころである内分泌器官を明らかにして、不均衡状態を是正します。具体的には、不均衡になっている臓器に対応する内分泌器官に磁気パルスを送るのです。

現時点でこのテクノロジーは、ほとんど信じがたく途方もないように思われて、医療専門家に受け入れられることはないでしょう。しかし、未来では事実なのです。

キース：自分で自分を癒したいと願う人は、何から始めるのが最もよいでしょうか？

スキャリオン：健康面の危機的な状況が生じた場合、それは単に身体面の危機のみならず、魂の危機である可能性があります。それは、いわばハイアーセルフがその人に、余儀なく小休止をとらせるために用いた方法なのかもしれないのです。この点を理解することは極めて重要です。

それゆえ第一になすべきことは、自分自身および自分の生活様式、振る舞いや態度、感情の動き、目的意識等を熟視することです。単に肉体面の病気にとどまらず、それ以外の何かが起きているのかもしれません。ある人々にとってそれは、彼らの魂が彼らにすべての活動を一旦中止して余儀なく顧慮させる、そのための手段なのかもしれないのです。

私（スキャリオン）は三十年以上前にはこれを経験しました。自分の人生を見直し、それを抜本的に変更せざるを得なくなりましたが、その結果、危機的状態を引き起こした身体の不具合が癒されただけでなく、心の内をあらためて見つめることにより、私の心が霊的指針に基づく全く新しい道へと開かれたのです。さらに、覚醒した私の新たな能力によって高次の意識に繋がることができました。

まず、自分の心を静め、瞑想、祈りあるいは沈思黙考により自分の内奥に入りなさい。毎日これを少なくとも数分間行いなさい。これにより内分泌系に関連するエネルギー経路が開かれ、太陽・地球からの癒しのエネルギーが流れ込むようになります。それは身体の均衡を取り戻し活性化する上で役に立ちます。これを実施していくに従い、自分のこれからの人生をどのように生きるべきかについての考えが、あなたの心に浮かんでくることに気づくでしょう。それを熟慮し、どうしたらそれをあなたの人生に組み込むことができるかを考えなさい。

また、あなたの栄養状態に注意を払い、あなたを癒す力のある食物を摂取しなさい。ストレスの多い状況を出来る限り避けるようにしなさい。あなたを惹きつける音楽や色を探し、それらを自分の生活に取り入れなさい。これらの措置を講じることにより、あなたの身体を癒す妨げになっている障害物を取り除くことができるでしょう。

キース：ありがとうございました。

エネルギーを感知するワークショップ

癒しについて話すときはいつも『微《かす》かなエネルギー』が話題に上ります。たとえば、それが身体を通ってどのように動いているのか、あるいは、それがどのように私たちの身体の均衡を保ち健康状態を維持しているのか、という点です。けれども、私たちのほとんどは、そのエネルギーを見ることも感じることもできないので、それがどんな能力を持っているのかを的確に推測するのは甚だ困難です。

それにもかかわらず、『微かなエネルギー』は、絶えることなく私たちの体を通って流れ続けています。私たちを健康で活力みなぎる状態に保ってくれているのは、まさにその不変かつ均衡のとれた流れなのです。けれども、私たちは皆時々、その閉塞や停滞を経験します。このような閉塞状態は、私たちの思考や考えによって生み出されますが、それはまた私たちのカルマにも起因します。最終的に体内のエネルギー閉塞状態は活力を減少させ、究極的には病気を引き起こします。

もしもあなたがエネルギー感知の方法を学びたいのであれば、他の人々の体内におけるこの『微かなエネルギー』やエネルギー停滞状態を感知するのに役立つ簡単なスキャニング（精査）の手法がありますので、それをご紹介します。同じ方法で、あなたの体内のスキャニングを誰かにしてもらうことも、もちろん可能です。

　あなたが他の人のスキャンをするのであれば、まず初めに、北北東（北半球の場合）あるいは南南西（南半球の場合）の方向を向いて立ちます。スキャンされる人に、反対側を向いてあなたから手を伸ばせば届く所に立つように頼んでください。指先が上を向き、手の平がスキャンされる人の背骨に平行になるように向けて右手を前に突き出します。そして、脊柱に沿い、あなたの手の平を可能な限り背骨に近づけて、頭から背骨の付け根に向かってスキャンしていきます。しかし体に触れてはなりません。

　すると、かすかに温度が高い部位や低い部位あるいはチクチク感がする部位のあることが分かります。同様に、スキャンされている人も違いのある部位の存在に気づきます。エ

ネルギーが閉塞状態にあるのはそのような部位なのです。この手法を繰り返して訓練すればするほど、あなたの感覚は鋭敏になり、エネルギーの閉塞場所を正確に感知することが可能になります。

エネルギーの閉塞を取り除くという作業の第一歩は、上記の部位にあなたの手の平をより長い時間とどめておくことです。同時に、両目を閉じてあなたの思念をエネルギー停滞の解消に集中させるのです。エネルギー停滞部位が正常な状態に戻ったと感じるまで、この作業を何度も何度も繰り返し実施します。あなたがそのように感じたとき、エネルギーはすでに正常に流れ始めて閉塞状態の解消が始まっているのです。しかしそれは、癒しが為されたということではありません。閉塞状態の解消により一層たくさんのエネルギーが流れ始めて本質的に癒しを促進させる、ということなのです。

その段階で、あなたは、体内を通って流れる『微かなエネルギー』に気づきます。この訓練をすればするほど、より上手くこのエネルギーを感知できるようになります。また、その能力は、あなたのエネルギーが体内を通って流れる経路を、あなた自身が管理するのに役立ちます。エネルギーがあなたの体内を通りながら背骨の付け根から頭頂まで流れていき、その後背骨の付け根に戻っていく様子を心に描くことにより、そのような管理が可能になるのです。そして、そうすることにより、あなた自身の体内の閉塞状態を解消し、均衡のとれた状態を保つことができます。

もしも独力でするのが難しいと感じているなら、シンシア（キース氏）開発のDVD『The Mandala Experience（マンダラ体験）』が助けになります。それは、古代の楽器が奏でる音と動くマンダラの色彩に基づき、あなたが自分のエネルギーを動かして調和させることができるように誘導してくれます。

あなたがどのような方法を取ろうとも、一日わずか数分間を費やすだけで、あなたの体内を流れる『微かなエネルギー』を自覚できるようになります。そしてそれは、あなたの健康状態を維持する上で大いなる効果を発揮するのです。

色彩が持つ癒しのパワー（シンシア・キース）

大いなる自然界は、太陽と地球の間を行き来するエネルギーによって活気づき息づいています。そして、私たちの肉体はその自然界が拡張されたものにすぎません。それらのエネルギー周波数のうちのいくらかは、色彩として経験しています。虹と同じように、私たちは宇宙のエネルギーを取り込み、健康を保つために必要な色のフル・スペクトル（可視光の全周波数帯域）を吸収しています。

私たちはこれを七つのエネルギー・センターを通して行っています。それらはしばしばチャクラ（サンスクリット語で車輪を意味する）と呼ばれています。チャクラは内分泌系に関連しており、虹のすべての色から構成されています。それらは背骨の付け根（赤）から始まり、仙骨（オレンジ）、太陽神経叢（黄色）、心臓の近く（緑）、喉（青）、額（藍色）、頭頂部（紫）に至っています。

私たちが健康なとき、これらのチャクラは透視能力のある人には、回転している色彩の渦巻きのように見えます。健康に障害があるとき、身体の病んでいる部位に最も近いチャクラは鈍い色に見え、病気の重篤度にもよりますが、色がなくなってしまうのです。それゆえ、私たちが自然の力強く活力あるエネルギーを充分に得ているかどうか、この点に留意することが重要です。

それを取り込む方法はたくさんあります。さまざまな種類の色鮮やかな果物や野菜は私たちが食するものですが、自然のエネルギーはそれらを通してもやってきます。また私たちは、四大元素を通してもそれを受け取ります。すなわち、私たちが呼吸する空気、私たちが飲む水、太陽の暖かさ（火）、そして私たちの足元の土です。

気づいていないかもしれませんが、実際のところ私たちは自然に由来するエネルギーを吸収しており、基本的に、空の藤色や青色、海のアクアマリン（淡青緑色）、草木の緑色の微妙に異なる無限の色調、花々・蝶・鳥類の多種多様な色彩を、私たちの身体に与えているのです。もし戸外で多くの時間を過ごしていないなら、私たちは成功・発展に絶対不可欠な成分や要素を自ら失っていることになります。

私たちは色彩が気分を高めるために使われることを知っています。しかし多くの人びとは、異なる色が及ぼす影響に必ずしも気づいていません。

その気づきを得るための一番簡単な方法は、両目を閉じ、戸外の自然環境に身を置いた場合について考えることです。そのときの感じを思い出し、どの色が最も印象に残っているのかをあらためて考えます。その色を覚えておき、もしあなたが同じ感じを再体験したいのであれば、自分の周囲の環境にそれを持ち込むのです。

適切な色彩をあなたの家の壁や衣服に使うことにより、気分の高揚やストレスの軽減、あるいは心を落ち着かせる雰囲気作りが可能になります。これを実現する方法は他にもたくさんあると思います。

色彩は私たちの気分に影響を及ぼして私たちのエネルギー・レベルを変更する一方、私たちに潜在する癒しの力を増強するのに使われるとき、特に強い力を発揮します。この場合に適切な色彩は、病んでいる部位に最も近いチャクラに関連する色なのです。ひとたびその適切な色を特定したのなら、あなたはただそれを毎日自分が目にする場所に保持しておくだけで良いのです。あなたがそれを見つめるたびに、あたかもあなたの身体が実質的にそれを吸入しているように感じられることでしょう。

私はこれを何年も前に体験しました。それは一見単純に見えますが、極めて効果的になり得るのです。私の場合は深刻な病気だったのですが、自分が『黄色』を必要としていることがわかりました。とは言えそれは、私が普段惹かれていた色ではなかったのです。当時私は、色彩が持つ癒しの力を知らなかったのですが、大きな黄色のバスタオルを持っていましたので、私が望むときはいつでもそれを見て『黄色』を吸収できるように、それを私の寝室に吊るしておいたのです。あたかもそれは、私がそれを渇望しており、それを吸収する必要があったかのようでした。

あの当時それは、ばかげたことのように思われたのですが、私の身体はそれを執拗に求めたのです。その後、私の身体の癒しを必要としていた部位は三番目のチャクラがある場所であり、黄色がそれに深く関連していることが分かりました。

これは『微かなエネルギー』、とりわけ色彩の持つパワーの絶好の例です。たとえ私たちが伝統的医療に基づく治療を受けている場合であっても、もしも特定の色に惹かれているのなら、それをほんの少しでも周りの環境に追加して取り入れるだけで、とても有用な働きをしてくれます。いつでも私たちは『微かなエネルギー』を用いて治療効果を高めることができますし、それは私たちを真の癒しに近づけてくれるのです。

色彩にさらなる注意を払い、それらがどのように影響するかを見出すことができれば、私たちの健康は回復します。微かではあっても非常に強力なこのエネルギーは、私たちの健康や生活状態をたやすく改善することができる簡単な道具なのです。

この『微かなエネルギー』による癒しの詳細については、私のCD『Alternative Healing: Three; Metaphysical Techniques for Reversing Illness（代替治療：病気を回復に

向かわせる三つの形而上学的手法)』をお聴きください。

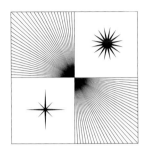

第❸章

宝石と色彩の超自然力

【解説】微かなエネルギーに気づく感受性

本章では、鉱物（特に宝石・宝玉・貴石と呼ばれる石）および色彩の持つ超自然力に関する情報をご提供します。

まず前半の主たるテーマは鉱物・宝石です。皆さんも「パワー・ストーン」という言葉を聞かれたことがおありだと思います。オカルト・スピリチュアル系のみならず趣味・ファッション分野の本や雑誌にも、パワー・ストーンに関する記事がしばしば掲載されており、数え切れないほど多くの店がさまざまな種類の石を展示・販売しています。

ゴードン・マイケル・スキャリオン氏によれば、宝石のような鉱物は、人間とは極めて異なっているものの、それ自身が実在の意識体であり、常に宇宙の集合意識と繋がっていて、それとコミュニケーションを取り合っているのだそうです。

宝石・貴石は、太古の昔から常にいつでも重要視され、活用されてきました。たとえば、旧約聖書『出エジプト記』には、幕屋で神に仕える大祭司の胸当てに12個の宝石が埋め込まれていたことが記されています。それらは、赤めのう、トパーズ、エメラルド、トルコ玉、サファイヤ、ダイヤモンド、ヒヤシンス石、めのう、紫水晶、緑柱石、しまめのう、碧玉《へき》です。

また、スキャリオン氏によれば、エジプトにある大ピラミッドの大回廊は同調回路の役割をしていて、そこで使われた装置の一部には大きな水晶が取り付けられていました。詳細については、本シリーズ『未知なる世界編』の第2章『大ピラミッドと記録の間の秘密』を参照してください。

さらに、同章の解説部分には、謎に満ちた神秘的な部屋がエジプト・ギザの地下２６０メートルの場所で見つかったことが述べられています。これは、傑出したルーマニアの形而上学者ラドウ・シナマー氏および卓越した執筆能力を持つ米国の形而上学研究者ピーター・ムーン氏による共著“Mystery of Egypt（エジプトの秘密）”に含まれている情報ですが、その部屋には高さ2メートルにも及ぶ巨大な紫色の水晶の多角柱が立っていて、意識によるタイムトラベルを可能にする装置（タイムマシン）が設置されているそうです。その水晶の役割・機能はまだ解明されていませんが、おそらくそれは、この神秘の部屋を守護すると共に、タイムマシンが必要とするエネルギーを供給することだと思われます。

また、ルーマニア・ブセギ山脈地下の入口から長大な地下トンネルが伸びており、その終点がこの神秘の部屋なのです。その解説記事には書かれていませんが、その始点と終点には巨大な石壁から成る門が建造されていて、その門の両側に各々12個の水晶が取り付けられているそうです。

さて、今度は一般的な話になりますが、大きな宝石には恐ろしいほどのパワーが秘められています。特にダイヤモンドについては、王侯貴族に関わる悲劇の伝説がいくつもあり、愛好家に怖れとロマンを与えています。

私は現役で仕事をしていたとき、海外出張を利用して米国ワシントンD.C.にある国立自然史博物館（スミソニアン博物館の一つ）を見学することができました。そこに所蔵されているホープ・ダイヤモンドは、45カラットもあるブルーダイヤで、宝石自体の美しさもさることながら、多くのダイヤモンドをちりばめたプラチナ製のペンダントにはめられており、まさに世界最高レベルの美しさを誇っています。しかしホープ・ダイヤモンドは、その美しさとは裏腹に、持ち主を不幸と破滅に導く『呪いの宝石』としても有名なのです。

9世紀頃にインドの川で農夫が見つけた石がその始まりです。その後、ヒンドゥー教の寺院に奉納され、そこに祀《まつ》られていた女神シータの彫像の目にはめ込まれていましたが、フランスの行商人がそれを盗んでフランスに持ち帰ってしまいました。それを知った寺院の僧侶が呪いをかけたために、このダイヤモンドが『呪いの宝石』になったと言われています。

その後フランス王ルイ14世によって買い取られましたが、歴史に詳しい専門家によれば、このときよりフランスの弱体化が始まったようです。持ち主はその後転々と変わりました。ランバル公妃マリー・ルイーズ、マリー・アントワネット、ルイ16世が順番に所有者になりましたが、その全員がフランス革命で命を落としています。

そして、裕福な実業家ヘンリー・フィリップ・ホープによって競り落とされてからは、ホープ家が4代に渡って所有しました。しかし、ヘンリー・フィリップ急死の10年後にホープ家は破産。そして、いつしかこの呪いのダイヤは『ホープ・ダイヤモンド』と呼ばれるようになったのです。悲劇がそれで終わることはなく、その後の約50年間で8回も売却されており、その度に手にした家々に不幸をもたらしていきました。そして最終的に、公共施設であるスミソニアン自然史博物館に移ったとき、やっとこのダイヤモンドの身の置き所が定まったようです。

私はロンドンの観光名所の一つであるロンドン塔を訪れる機会にも恵まれたのですが、そこにも呪いの宝石と呼ばれてきたダイヤモンドが展示されています。後に『コーイ・ヌール』と呼ばれるようになったこのダイヤモンドが歴史に登場したのは14世紀のことです。この名前は、ペルシア語で『光の山』を意味する『クーへ・ヌール』に由来しています。

当初そのダイヤモンドはムスリム統治下の中央インド、マルワ地方に存在したマルワ王国の宝でした。その後それは、マルワ王国を征服したムガール帝国の所有物になったのですが、ホープ・ダイヤモンドと同様、これを皮切りに、持ち主に破滅をもたらしつつ次々と居場所を変えていったのです。ムガール帝国の後は、ペルシア、ラホール（パキスタン北部のパンジャーブ地方、ラーヴィー川の岸辺に位置するインドとの国境付近にある都市）、そして最後は英国の手に渡り、ヴィクトリア女王に献上されました。

しかし、ヴィクトリア女王の治世中にこの石の運命が大きく変わりました。再カットによって重さが１８６カラットから１０９カラットに減ったものの、それによって素晴らしい輝きを得て、世界的な名声を博するダイヤモンドになったのです。このときから、持ち主に残忍さと不幸の種をもたらすというイメージが付きまとっていたこの石も、女性には幸せを運ぶ石と信じられて、イギリス王室の象徴的な財宝として女王たちの王冠を飾ることになりました。

ブリリアント・カットを施されたコーイ・ヌールは、現在ロンドン塔の王室宝物館で、そこを訪れる人々に眩《まばゆ》いばかりの美しい輝きを見せています。

後半の主たるテーマは『サイコメトリー』と『色彩のエネルギー』です。サイコメトリーとは、物体から発せられている振動を把握し、それらに含まれている感情およびその他の情報を読み取る特殊能力のことです。

自然・天然のものであれ、家具・宝飾品・衣服等の所有物であれ、物には記憶が付加されます。たとえば石の場合、原石が見つかったとき、創生の際の環境に付随する固有振動が発見者の意識と一体化します。そして、それが新たな所有者の手に渡ったとき、その振動力も一緒に受け渡され、その所有者の振動に加えられます。さらに、宝石をカットしたり彫ったりするとき、その作業を行う人の意識もまたその宝石の振動に加えられるのです。ですから、所有者や加工職人が愛・思いやり・慈愛をもった人々であれば、そのような振動が宝石に加味されます。つまり宝石には、このようなさまざまの振動情報が一体化した集合意識があるのです。サイコメトリーはこの原理に基づいて働きます。

前述の呪いの宝石の場合、所有者の権利欲・支配欲・所有欲・財への執着心、等々に基づく振動が次々と加わって望ましくない集合意識が形成されたため、所有者が相次いで不幸・破滅等の悲劇に見舞われたのでしょう。

スキャリオン氏によれば、石が異なるとその振動もまた異なります。それゆえ、「特定の石が特定の個人との共鳴に適している」ということになり、自分に合った石を見つけることが非常に重要になるのです。情報の中には、そのような宝石・鉱物を探し出すための訓練が簡潔にまとめられていますので、実際にそれを試されることをお勧めします。

ところで、皆さんもご承知のとおり、太陽光をプリズムで分解するとスペクトル７色（赤、オレンジ、黄、緑、青、藍、すみれ色）に分かれます。これが虹の７色です。しかし、超古代のアトランティスやムー以前の時代、地球における色彩波動の種類は７つではなく12種類だったようです。この点については、ボブ・フィックス氏の著書、“Before...as told by the Marlin received by Bob Fickes”に詳述されています。その和訳が『時を超える聖伝説―いま明かされる人類の魂の歴史／創世・レムリア・アトランティス新しい次元へ』という邦題で三雅という出版社から出ていますので、是非ともご一読されるようにお勧めします。この本には色彩光線について次のように書かれています。

レムリア時代は地球の歴史において２回存在した。今から約４５０万年前に人間の堕落が起きたが、最初のレムリア時代はその直後に始まり、アトランティス時代の直前まで続き、忽然《こつぜん》と消滅した。この最初のレムリアは三次元物質世界には存在しなかったので、考古学的遺物は何一つ残っていない。２番目のレムリアはアトランティスとほぼ同時に興ったもので、ムーとしても知られている。それは現在の太平洋にあった大陸である。このレムリアは三次元物質界に存在し、それが残した文化的示唆がイースター島などに見られる。最初のレムリア時代には、神の本質を表すゴールド（金色）の光があらゆるものの土台になっていた。ゴールドの光をプリズムで分解すると12色のスペクトルに分かれる。逆に、これら12の色彩光線全てを統合するとゴールドの光になる。高いゴールドの周波数は神の色であり神の光線である。それはまた、あなた方の太陽系の太陽の色でもある。

およそ１００万年前、地球の色彩波動は７つに減少してしまった。従って、アトランティス時代の色彩光線はわずか７色だったのである。このため、地球の色彩波動は本来のゴールド（金色）からシルバー（銀色）もしくは白光になった。神聖な白光は主たる７つの色彩に分けられることになったのである。

レムリアについては、本シリーズ『未知なる世界編』の第６章においても述べられています。これはアトランティスのエク・カー[※1]からスキャリオン氏にもたらされた情報ですが、エク・カーが言及したレムリアは、前述の２番目のレムリアのことです。

ところで、色彩光線の種類はなぜ12あるいは７という特定の数なのでしょうか？　それは幾何学に基づいているのです。12および７は幾何学において安定を表す数であり、特に12は時間と空間の分割にも密接に関わっています。

私たちが日常使っている太陽暦は１年を12ヶ月に分割しています。また、太陰太陽暦（月暦）には『二十四節気』が取り入れられていますが、24は12の２倍です。１日の長さも午前12時間、午後12時間の合計24時間に分割されています。また、太陽の通り道である黄道の上には12の星座が存在しています。

次に空間分割についてお話しします。10円玉のような丸いコイン7つを、互いに隙間なく隣接するようにテーブル上に置くとどんな形ができるでしょうか？　6個のコインが六角形状に並び、真ん中に7番目のコインがぴったり入ります。そして、すべてのコインは隙間なく隣のコインに接しています。下記の図をご覧下さい。

充填密度が最も高くなる配置がこれです。この周囲に、さらにコインを隙間なく並べて一回り大きな六角形を作ると外側のコインの数はいくつでしょうか？　答えは12です。以上は平面（2次元）幾何学上の検証ですが、次に立体（3次元）幾何学に話を進めてみましょう。1個の球を中心として、その周りに同じ大きさの球を最大何個まで中央の球にくっつけて配置できるでしょうか？　答えはやはり12なのです。

コインの六方配置

ところで、先ほど私は、現在ロンドン塔の王室宝物館に展示されている有名なダイヤモンド『コーイ・ヌール』は、ブリリアント・カットを施されたことにより、素晴らしい輝きを得て世界的な名声を博するダイヤモンドになったと述べました。

ブリリアント・カットにはいくつかの種類があるのですが、それらはすべて58の面（下面の面取りをしない場合は57面）から成る多面体です。空間を同じ形・体積の多面体で隙間なく分割することを空間分割、そしてそのような多面体を空間分割多面体と呼びますが、白銀菱形（2つの対角線の長さの比が白銀比1：$\sqrt{2}$である菱形）12枚から構成される菱形12面体もそのような多面体の一つです。また、ビールの泡や石鹸膜は表面張力のために表面積が最小になっています。このように表面積を最小にする空間分割を『表面積最小化空間分割』と言います。

残念ながら菱形12面体は表面積最小化空間分割多面体ではありません。しかし昨年、そのような多面体が新たに見つかりました。これは同じ体積を持つ2種類の多面体の組み合わせに基づいています。その一つは五角12面体であり、もう一つは30面体です。左上の図をご覧下さい。1個の12面

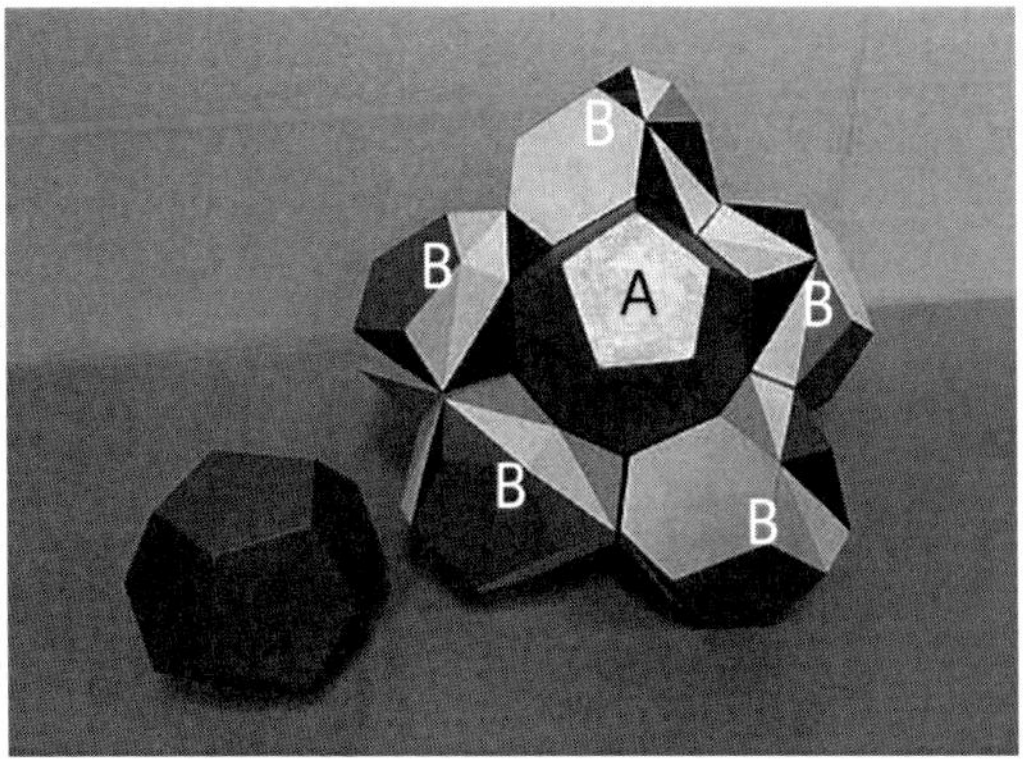

表面積最小化空間分割多面体

体（A）の周りを12個の30面体（B）が取り囲んで空間を隙間なく分割します。ここでもやはり12という数が空間分割に関わっていますね。

ところで、本章の情報の締めくくりとして、スキャリオン氏は次のように述べています。「あなたが石に同調するための意識的努力をしているとき、あなたは、この『全統一体』・『大いなる一つ』・『創造的パワー』――あなたが心地よいと感じるどのような呼び方でも良いのですが――との繋がりを再構築しているのです。たゆまぬ練習によりあなたは「創造によって生み出されたあらゆるものと同様に、あなたが微《かす》かなエネルギーを放射していること」そして「それに気付く感受性があなた自身に備わっていること」を理解し始めるでしょう。この認識により、私たち全て――創造によって生み出されたあらゆるもの――が相互に繋がっていることが明らかになるのです」。

この『微かなエネルギー』とは微細・微妙なエネルギーのことですが、これは現在科学的に計測可能です。ロシアの物理学者コンスタンティン・コロトコフ博士によって開発された最新の生命場観測装置〝GDV〟により、時間通りに生命場の変化を観測することが可能になり、その結果、生命場に関する研究が著しい進歩を遂げました。

コロトコフ博士の研究所は、被験者の身体から発せられている生体エネルギーが中国医学の経絡と密接に関係していることを突き止め、瞑想や香り、ヒーリングや宝石・鉱物のエネルギー等、今まで客観的な検証が難しかった微かなエネルギーの人体への影響に関する膨大なデータを集積しています。また、「人体の周りには微かなエネルギーが階層をなして存在していること」や「エーテル体※2は人体のすぐ外側にあること」もGDVによって確認されています。さらに、コロトコフ研究所における長年の研究の結果、生命場がつくるエーテル体は、微かなエネルギーによって強く影響されることが分かってきたのです。

すっかり前置きが長くなってしまいました。それでは、スキャリオン氏からの情報、『宝石と色彩の超自然力』をお楽しみください。

※1エク・カー：スキャリオン氏の分身的存在であり、いわばスキャリオン氏の過去生バージョンの一人。アトランティスの都市、ポセイディアに住んでいる第五レベルのイニシエイト。詳細は本シリーズ『未知なる世界編』参照。

※2エーテル体：肉体の周囲に階層的に重なって存在するエネルギー体の一つ。

螺旋の指輪

私の導師たちは、ヴォルテックス※1の持つ強力なエネルギーについて語り、「意識レベルを高める上で助けとなる鉱物が花崗岩《かこうがん》以外にも存在する」ということを暗に示唆してくれました。私はこの「自然力に連動する」という考えに好奇心をそそられ、このテーマについて可能な限りソースから学ぶことにしたのです。

鉱物と宝石に関する特定の情報を入手するために、シンシアの助けを得て、変性意識状態のセッションを数回行いました。まず、前もって質問表を用意しておきます。そして、シンシアにその場に居合わせてもらい、私が変性意識状態に入ります。シンシアはいわば私のソースと『会見』して、適宜質問をすることができるのです。

初めの頃に行われたこのようなセッションにおいて、私の導師は、個々人との関連において特に強い影響力を有する宝石・鉱物を特定してくれたのですが、これがきっかけとなって、さらなる質問が出てきました。

私たちは「シンシアにとって助けとなるような特別の鉱物あるいは宝石があるかどうか」という点を知りたかったのです。彼女のための『パワー・ストーン』はどの宝石なのか？　以下は、この質問に対する私のソースからの答えを一言一句そのまま書き記したものです。

ソース：シンシアのためのそのような石はガーネットです。それは、彼女が今生における役割を果たす上で役立つ大いなる振動力を持っています。それは彼女の魂のパワーであり、自己の役割を果たしたいという願望を表明する力なのです。

通常の五感で知覚できないような知識、および、全てが均衡状態になければならないという理解や認識――それを今回の地球での滞在中に縁ある人々に伝えることをシンシアは望んでいます。そのような彼女に特有のパターンは誕生の際に刻印されたものですが、ガーネットは、その振動構造に基づいてそれをさらに強化する、という傾向を持っているのです。ガーネットが発動する力は「前述の知識・認識を外部に表明し伝達したい」という彼女の願望を増幅する、いわば触媒のような働きをします。

私たちが見るところ、今生においてシンシアを象徴するものは、全宇宙の図書館であるアカシャから来ています。これは超古代のオグ[※2]に起源を持っており、あの時代、シンシアはそのシンボルに同調していました。なぜなら、彼女は数多くの転生において、さまざまな工芸品――陶芸品、石細工、宝石細工、つづれ織り、モザイク画等――にその象徴形態を含めるという仕事をしてきたからです。

彼女はしばしばそれらを扱う仕事に従事してきました。それゆえ、生涯取り組む仕事においてそのシンボルを創作・使用するというのは、シンシアにとってごく自然な傾向です。それが象徴形態であろうが色彩であろうが、これは間違いなく真実であり、色彩もまた一つのシンボルなのです。

さて、ガーネットを身に付ける方法ですが、シンシアにとっては、指輪にするのが最も良いと思われます。それを右手の中指にはめます。指輪の材質は白金（プラチナ）あるいは銀です。彼女は常に白い貴金属を身につけるべきなのです。というのは、身体の全ての部分とのより良い同調が、白い貴金属との共鳴からもたらされるからです。シンシアは黄金を身に付けることもできますが、白金や銀のような白い貴金属がより有益であり、心を落ち着かせる効果があるのです。

指輪のデザインとしては、とぐろを巻いた蛇のような螺旋《らせん》形状が良いでしょう。物理的実体としてはとぐろを巻いた蛇に変換されていますが、このシンボルには言外の意味が沢山含まれています。螺旋は内なるエネルギーが上昇する様を示しています。脊柱は魂の乗り物である肉体のアンテナ・システムですが、それを通って上昇するクンダリーニ・エネルギーは、地球の核が発するパイロット周波数※3に同調するのです。

このエネルギーは脊柱を通って上昇します。それゆえ、指輪本体から伸びる螺旋の最上部にガーネットをはめ込むのが良いでしょう。指輪本体は1回巻きで開口部を設けます。

ガーネットの色としては、ルビーの深紅色が適切です。また、ガーネットにも刻印できますが、そうすると光の透過に影響を与え、それから得られる他の恩恵が制約されてしまいます。

「より小さなものからより大きなものへ移行し続けて、究極的には全てを包み込む」ということをシンシアに思い出させるための注意——それがとぐろを巻いた蛇の持つ象徴的意味合いなのです。これはシンシアの高次意識、エネルギーの湧出・拡張、魂のパワーの外部への移行を象徴しています。

我々の見るところ、これが今生のシンシアにとって最上であり、すでに述べたように、外に向かって自分を拡大するシンシアにふさわしいものなのです。

この助言に基づいて何らかの行動を起こすまでに1年の経過が必要でした。個人向けのリーディングを取ったときによくあることですが、それを行動に移す機会が到来する前に、熟考のための時間を十分取ることが必要なようです。ソースからの仕様に基づいて指輪をオーダーメイドする計画もあったのですが、より優先すべきことが他にあったため、なかなかその実施に踏み切ることができなかったのです。「シンシアがその指輪を身に付けるべきである」、という忠告が忘れられていたのではありません。しかし、確かにその優先順位は下げられて後回しにされていました。

ある日、マサチューセッツ州の小さな町を訪れてそこの宝石店を見て回っていたとき、店の展示品として置かれていた大きなテラコッタ製の鉢が目に留まりました。[注：テラコッタとはイタリアの赤土素焼きのことであり、赤褐色で鉢などに使われる。] それは広口で低い位置にあり、砂が敷き詰められていて、アメリカ先住民のモチーフで飾られていました。シンシアがその鉢に近寄ったところ、砂から顔を出している鮮やかな色彩の石が見えたのです。その色に引き寄せられ、ほとんど砂に埋まっていたものを引き出したところ、それは、シンシアにとって最上最適であると言われた、まさにソースの仕様通りの指輪だったのです。開口部のある指輪本体に蛇状にデザインされた台枠が付いていて、その上に深紅色のガーネットがはめ込まれていました。

※1ヴォルテックス：ほとんどの場合に、宝石・貴石から放射されている振動エネルギー（一般的には、「大地からの強いエネルギーが渦を巻くように放出されている場所」を意味しますが、この文脈では少し異なります）。

※2超古代のオグ：5万年ほど前に中東のどこかの地域に存在した国。

※3パイロット周波数：シューマン共鳴周波数と同じ。シューマン共鳴とは、地球の地表

と電離層との間で極極超長波（ＥＬＦ）が反射をして、その波長がちょうど地球一周の距離の整数分の１に一致したものをいう。

鉱物・宝石の世界

鉱物や宝石の持つパワーについて私が受け取った情報を左記にまとめました。夢の中の導師から、私の質問に対する一貫性のある答えが得られました。

これから私たちは旅に出かけます。いわばそれは、鉱物・宝石の持つパワーをより良く理解するための旅です。私たちの直感能力を高める過程において、この情報およびその後に記した訓練が、そのような旅に欠かせない要素になるものと確信しています。

欧米の文化圏において、私たちは自然界のさまざまな物事について教えられてきました。しかしそれは、真実から程遠いものなのです。失われた知識を再発見し再認識するには、懸命の努力と虚心坦懐な態度が必要です。自ら進んでそれらを学び経験するという気持ちがあれば、間違いなく有意義で有益な結果が得られるのです。

私たちがあらためて地球の鉱物や水晶の世界

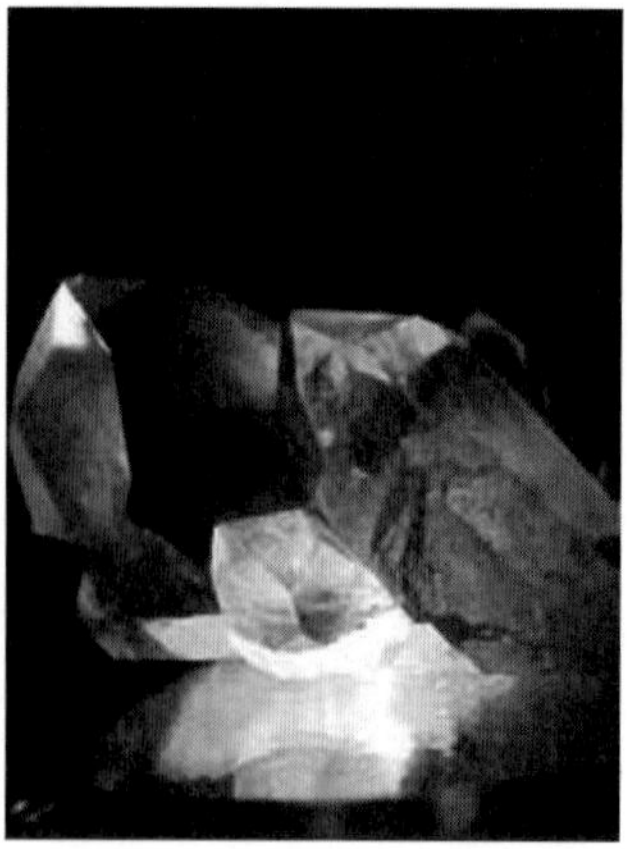

鉱物の原石

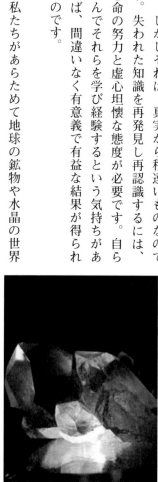

と繋がるためには、まず初めに、宝石のような鉱物はそれ自身が実在の意識体であることを明確に理解する必要があります。人間とは極めて異なる意識ではありますが、常に宇宙の集合意識と繋がっていて、それとコミュニケーションを取り合っているのです。

地球の鼓動あるいは水・大気の動きに基づく音楽のように、鉱物はいつも私たちのそばにあり、私たちに話しかけています。鉱物界には生き生きとした言葉があります。笑われてしまうかもしれませんし、想像することさえも難しいかもしれませんが、それはただ単に、私たちの直感に対する理解が制約されているからなのです。

何だかんだ言っても結局のところ、私たちの身体には、地球と同じ元素やミネラルが全て含まれているのです。そうではありませんか？「私たちが知っているいわゆる生命は、地球と同じ元素からできている」というのは推測ではなく、厳然たる事実なのです。おそらく、私たちが自分自身の意識の働きをほとんど理解できないのは、そのような『意識』の微妙な違いを（数百万年もの間）無視してきたからにほかなりません。それは複雑な脳の生物学的機能として具現化されていないのです。

次に、鉱物界の意識が私たち人間に大いなる影響を及ぼしていると同時に、人間界の意識も鉱物界に影響を与えていることに気づく必要があります。大きなスケールで見ると、その具体的な例が地球の揺れや表面・内部の移動です。地震や火山活動が地球の生命活動の自然な一部であることは事実ですが、地球上の人間の活動によって、地震による地殻の隆起の規模や方向が著しく変わってしまうのです。

この相互作用は振動とみなされますが、それは地球の言語であると解釈できます。ありとあらゆる元素はそれ自身の周波数で振動していて、言うなれば特有の『方言』で話しています。そして、これらの鉱物の異なる振動は、類似した他の生命エネルギーと共鳴するために、それと同期しようと努めているのです。

私たち人間の振動率は、その日の時間帯や月の周期、太陽年における地球の位置に応じて変化します。個人レベルでは、一人ひとりが、食事内容、地理的な位置、意識レベル（祈りや瞑想）、あるいは（シンシアの指輪のような）身体の装飾品を変更することによって、各自のエネルギー周波数を変えることができます。

集合意識として、人間は地球の核が発するパイロット周波数（約7・8ヘルツ）に同期する能力を持っています。曲がりなりにも全世界規模でこの能力が獲得されたのは、人類の発展において地球を強く意識していた段階であり、それはごく短期間でした。しかし個人個人は、地球に同調して地球の核から発せられるパイロット周波数との繋がりを確立することにより、地球とひとつになることができます。

実際のところ個々人は、地球内部の擾乱《じょうらん》が火山活動や地震という形で表面に達する前にそれらを感知できるのですが、それは、個々人のエネルギー周波数が地球の周波数と同期して適切に作用しているときなのです。動物たちは生まれつきこの周波数に同調していま す。「動物たちの意識がこの能力を制限していない」というのがその理由です。人間もまた、内在するこの感受性を再発見することができます。

この同調について学び、究極的に自分自身を地球のパイロット周波数と同期させたいのであれば、まず特定の鉱物あるいは宝石に意識を置くことから始めるとよいでしょう。石が異なるとその振動もまた異なります。それゆえ、「特定の石が特定の個人との共鳴に適している」ということになるのです。

私の導師によれば、鉱物の周波数は、その原子構造、それが形成された場所の地質構造、および、それが形成されたときの天体の位置によって決まります。もしもこれが鉱物の特質の正確な記述であると思えるのなら、純粋に科学的見地からそれを考察し、「仮説としては大いに納得できる」と考えることができます。

全ての鉱物は元素から成っており、元素は原子から形成されている——この事実を私たちは知っています。個々の原子は中心の核とその周りを回る電子から構成されており、その各々は微小な電荷を持っています。標準状態では、個々の原子の電荷量は中性です。なぜなら、中心核の正電荷は電子の負電荷とバランスが取れているからです。

もしも原子が一つ以上の電子を失えば、それは帯電したことになり、イオンと呼ばれます。これらイオンの各々は帯電量と原子量によって決まる、ある種の周波数を持っています。宝石の場合、それ全体が発する周波数は、石全体の帯電量あるいは振動数によって決まります。つまり、石の振動周波数は、その特定の石の創生に関わった全ての要因の総計として考えることができるのです。とりわけそれらには、イオン化粒子の比率や石の結晶構造におけるイオン化粒子の位置が含まれます。

ひとたびその個人に合った鉱物が決まれば、その石を見つけてそれに集中する、あるいはそれと交流することによって、身体や精神の治癒を促進することができます。近頃は、一般的に求められている治癒力を持った石が（多くの場合は磨き上げられた小石として）数多く売られています。このような石でもＯＫですが、原石でも大丈夫です。どの石があなたに最も合っているのかを決めるとき、「その石の周波数は、その石の生存期間に積み重ねられたエネルギーから構成されている」という点に留意してください。

あなたに合う正しい石を探し求める際、それが切削されているか、研磨されているか、あるいは原石のままであるかは問題ではありません。重要な点は、石が何らかの方法であなたに話しかけてくることなのです。その際、あなたの直感を頼りにしてください。

私の導師たちは再三再四、「全ての癒しはそれを希求する人々の意欲に由来し、地球に元々備わっている創造の力に同調することによって具現化する」と、話してくれました。

宝石や他の鉱物は同調装置の役割をしてくれます。そして、誘導の作用に基づいて、地球全体の持つ大いなる癒しのパワーを利用できるように私たちを助けてくれるのです。鉱物およびその元素特性について学ぶこと、日頃から鉱物に手を触れること、私たち自身のエネルギーと最も良く調和する鉱物に対する親和力を微調整すること――これらは究極的に私たちの健康・福利の増進を可能にしてくれます。そして、ひとたび私たちが均衡状態を実現すれば、その状態の維持をも可能にしてくれるのです。

『誘導』は、存在するさまざまの意識世界を結びつける相互接続の方法を説明するために、私の導師たちが使った用語です。この言葉は、ある導体を瞬間的に接地することにより、その導体が隣接する物体によって帯電させられる電気的過程に関連していますが、そ

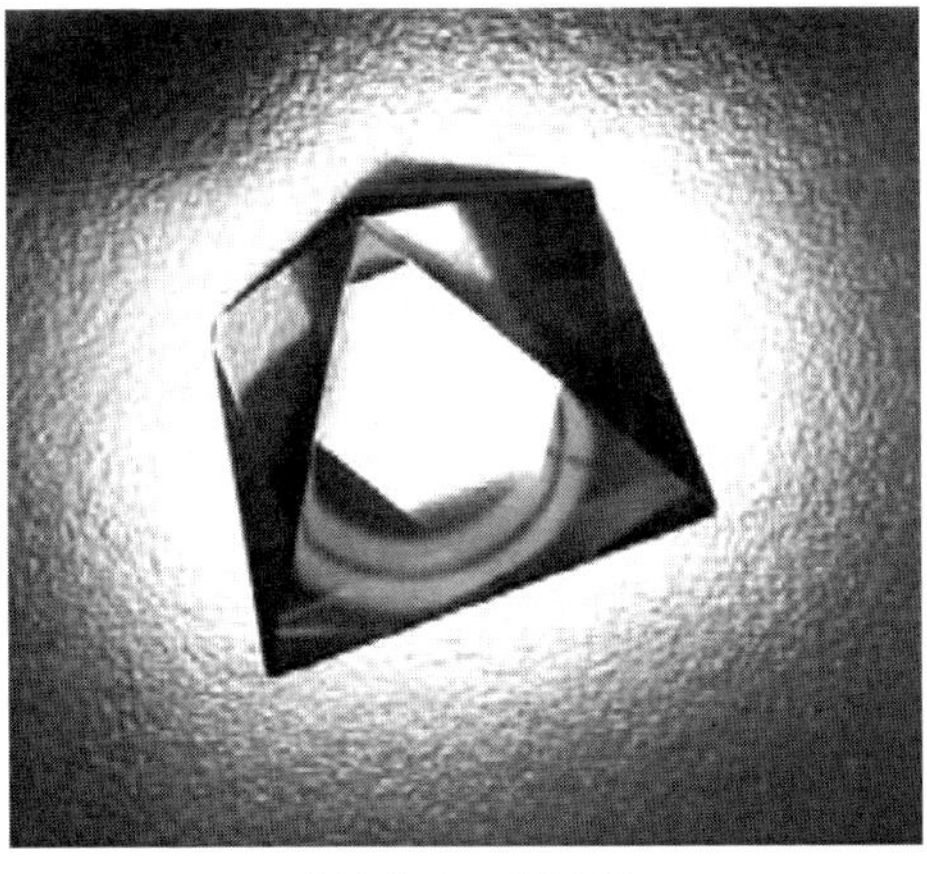

水晶ピラミッド八面体

れはまた、身体の内分秘腺の生産量が遺伝子レベルで増加する生化学的現象をも指しています。

私のソースは、宇宙の大いなる仕組みの中で、『誘導』のプロセスがどのように機能しているのかを説明するために、甲状腺異常を患っている人を具体例として、次のように説明してくれました。

「甲状腺分泌を調整しその均衡を取り戻すためには、銅元素の振動が必要です。癒しを必要としている人の近くに銅を持っていくと、誘導現象が起きて、その人の身体内結晶構造が、意識を通して銅の結晶構造と調和します。ある特定の音符に基づいて音叉《おんさ》を鳴らすと、その振動が数十センチも離れた別の音叉に届き、同じ周波数での共鳴現象が起きるのですが、この具体例はその現象に類似しています」。

では、どのようにすれば、あなたに合う宝石・鉱物を探し出すための方法が分かるでしょうか？まず初めに、瞑想をしたり、それについてあなたが感じていることや思っていることを日記に書き記したりして、ある程度の時間をこの質問のために割かねばなりません。このようにすれば、あなたは自分の意図を明確にし、あなたの意識をあなた全て（肉体・心・魂）にとって必須のエネルギーに同調させることができるのです。

あなたが何を必要としているのかを考えてください。あなたにとって、肉体面・精神面・霊性の面で、不足・不均衡・あるいは抗し難いと思われるものは一体何なのでしょうか？

この手順を踏めば、顕在意識のあなたと高次意識のエネルギーの間に、調和した関係を樹立することができます。いったんそれをすれば――たとえ次頁からの訓練があまりにも普通で当たり前すぎると感じられても――石を選ぶための作業が、あたかも見えない力に導かれているかのように、驚くほどスムーズに進むことが分かるでしょう。

訓練　石との同調を試みる

あなた固有のエネルギー周波数に合う石を選ぶとき、段階を追った左記の訓練を指針として用いてください。

1. まず石を一つ取ってください。それはカットあるいは研磨されていても構いませんし、原石の状態でもいいのです。あなたが心地よいと感じる色の石を取るのですが、その色は単に目に見えるだけでなく、他の方法でも感知可能なエネルギーのパワーであることに留意してください。石を選ぶとき、目だけでなく他の感覚や気持ちにも信頼を置いてください。

2. その石をあなたの前に置いてください。テーブルの上でも床の上でもいいのです。あなたからの距離は30～45㎝が良いでしょう。目を閉じて、少なくとも5分間リラックスした状態になります。

3. あたかも石を保護するかのように、あなたの両手のひらを石から7～15㎝の位置に置きます。そして、石の周りを取り巻いているエネルギー場の中で両手をあちこち移動します。

4．目を閉じたままで、あなたの生得の同調能力を用いて練習をします。それは石を感知し見抜くためのものです。あなたの身体のエネルギーの感覚、「重要である」あるいは「関連している」という想い、浮かび上がってくる感情、等に気づいてください。

5．このようにしてあなたの意識を注入し始めるに従い、あなた自身の結晶構造が活性化して電磁場を形成し、それが大きくなるにつれて外側に動き始めます。あなたの形成した電磁場が石を包み込むと、おそらくあなたはチクチク感や脈動・振動のようなものを感じるでしょう。それは両手から始まり、身体の他の部分、特に石の周りの部位に移っていきます。これはあなた自身の周波数と交流しつつある石の周波数なのです。これ以外にも、色の心象や熱い・冷たいという感覚を経験するかもしれません。

6．この段階まで済めば、とりあえずいったん訓練をやめても構いません。ここで休息してもOKですし、経験したことをノートにとってもよいのです。

しかし、違う石を使って同様の訓練を始める場合は、同時に3ないし4個以上の石を試すことはお勧めしません。次の訓練は数日間たってから行うのがよいのです。多種多様な石に基づく訓練の場合は、特にこの点に留意してください。石のエネルギーは強いので、あなたが熱心になりすぎると、常識が曇らされてしまうことがあるのです。心と身体をくつろがせることが同調を達成するための秘訣《ひけつ》であることを、あらためて思い起こしてください。根気よくこの訓練を実施することが大切です。

この段階まで来れば、特定の周波数を感知することは、何か別のものを感知するほどには重要でありません。とりわけ、あなたの内分秘腺の一つが石の周波数に応え始めると、石との連結が為されたことが分かるでしょう。沢山の異なる石を用いて上記の訓練をした後であれば、一種類あるいは数種類の石があなたに合っていることが分かります。

チクチク感や熱い・冷たい等の感覚は、直感に付随して起こります。同調プロセスの最初の手順を完了することにより、すでにあなたは、自分の高次意識に、この訓練を実施する上であなたを導いてくださるようにお願いしているのです。

異なる種類の石との同調を試みるにつれて、あなたの直感が並外れて正確であることが分かります。宝石や鉱物の使い方に習熟するに従い、特定のタイプの癒しにどの石が最も適しているのかを判断するまでの時間が、次第に少なくなっていきます。そして究極的には、何もせずにそれが分かるようになるのです。

サイコメトリー

自然のままのものであろうと、あるいは人工のものであろうと、物体は付加的な記憶を持っています。この点は、家具・宝飾品・衣類やその他の所持品・所有物を含むどのような物体にも当てはまります。なぜこのようなことになるのでしょうか？このテーマに関して私の導師から与えられた情報を以下にまとめます。

地面から掘り出されたばかりの原石には、その石の環境条件に起因する特有の振動力が備わっており、まず初めにその振動力が最初の拾得者の意識に結びつきます。もしもそれが拾得者から別の所有者の手に渡れば、さらにその振動力が新たな所有者に移ります。つまり、新たな所有者の持つ振動力が石の振動に付加されるのです。サイコメトリーは「物体が発する振動を把握して、それに含まれている感情や知識を描写すること」を意味しますが、これがその原理なのです。

次に、宝石を切り分けたり面を刻んだりする人の意識を、別の要素として加えねばなりません。なぜなら、その人の意識も石の振動の一部になるからです。もしもその職人が愛や思いやり・慈悲に溢《あふ》れている人であれば、その振動の大部分が宝石に組み込まれます。

また、人によって所持されると石は能動的になり、すでに集合意識となっているそれ自身の意識を所持者に受け渡します。

石に記号や表象等のシンボルが食刻《しょっこく》あるいは刻み込まれると、さらに新たな振動が加えられます。この宇宙には、時が始まって以来ずっと、さまざまなシンボルが記録され、更新されてきた普遍的図書館が存在し、夢見の状態あるいは潜在意識を通して利用することができます。何らかの方法で石にシンボルが刻み込まれると、そのシンボルは、意識を通して幸運・安全・癒し・精神面の同調等をもたらします。

宝石の面をカットする場合にも同じことが言えます。なぜなら、これには天使たちが関与し、数秘学※が関わってくるからです。ちょうど結晶を通して光が屈折するように、これら全ては新たな他の振動率を生み出します。

ひとたびあなたが自分の宝石を選べば、それを付ける身体の位置は内分秘腺の状態に依存します。つまり、石に対して最も受容的なチャクラ（エネルギー・センター）のそばが望ましいのです。これを決めるためには、石を各々のチャクラの上に置き、どのチャクラが最も良く調和するかをチェックします。また、マイナスの反応や不快な感じがあるかどうか——その点にも注目してください。

これは極めて微かな感覚です。身体の生体電場は個々別々の極性を持った電気センサーから構成されています。それらが検出器として働いて検知した情報を脳に送るのですが、それによってさまざまな感覚がもたらされるのです。

ところで、時間とともに、あなたの人生における変化に応じて、宝石がセットされる台枠を変えても構いません。あなたはある時期には特定の宝石と台枠に引き寄せられ、他の時期には別の宝石および台枠に惹きつけられるかもしれないのです。

※数秘学：西洋占星術や易学等と並ぶ占術の一つで、ピタゴラス式やカバラ等が有名。一般的な占術の方法は「命術」で、占う対象の生年月日（西暦）や姓名などから、固有の計算式に基づいて運勢傾向や先天的な宿命を占う。

色彩のエネルギー

私のソースは、別のセッションにおいて、色彩のパワーについて説明してくれました。それによると、私たち各々は特定の色彩の光線に乗ってこの地球に来ており、個々の色彩光線はソウル・グループ（魂の集団）として定義されるグループの色として融合されるものの、その色は私たち各々に固有かつ個別的で唯一無二のものなのです。

特定の教訓を得るため、魂は、歴史における特定の時期を選択して地球に転生します。魂は地球にいるとき、人類の集合意識の一部になります。転生の時期が異なれば色彩光線も異なります。ほとんどの場合は転生ごとに太陽光スペクトル7色における隣の色に移りますが、同一の転生期間中に一つのグループから別のグループに変わることが時折あるのです。全ての魂は、必要に応じて一つのグループから他のグループに移動することができます。

最も低い色の世界は赤の領域です。ここでは学ぶべきことが沢山あり、魂が『大いなる一つ』の一部であるという自覚さえもが必要な段階です。そこを卒業すれば、私たちがよく知っている分光色に従って次の段階に進む手配がなされています。赤からオレンジ色に移行し、さらに黄色、緑、青、そして残りの色へと続きます。藍色とすみれ色の領域に移行すると、魂は高い成長の段階に達し、霊性面の奉仕や無私無償の愛に基づく教えを得ることに専念します。

「人生の途上で仲間になる人々やシンシアと同様に、私（スキャリオン）も藍色の光線のグループに所属する」と聞かされたときは本当に驚きました。私はまだ変容の途上にあり、自分自身を霊性面で高度に啓発された人間と見ていませんでしたので、それは私にとって受け入れ難いことだったのです。しかし私のソースによれば、振動世界のすべての層に

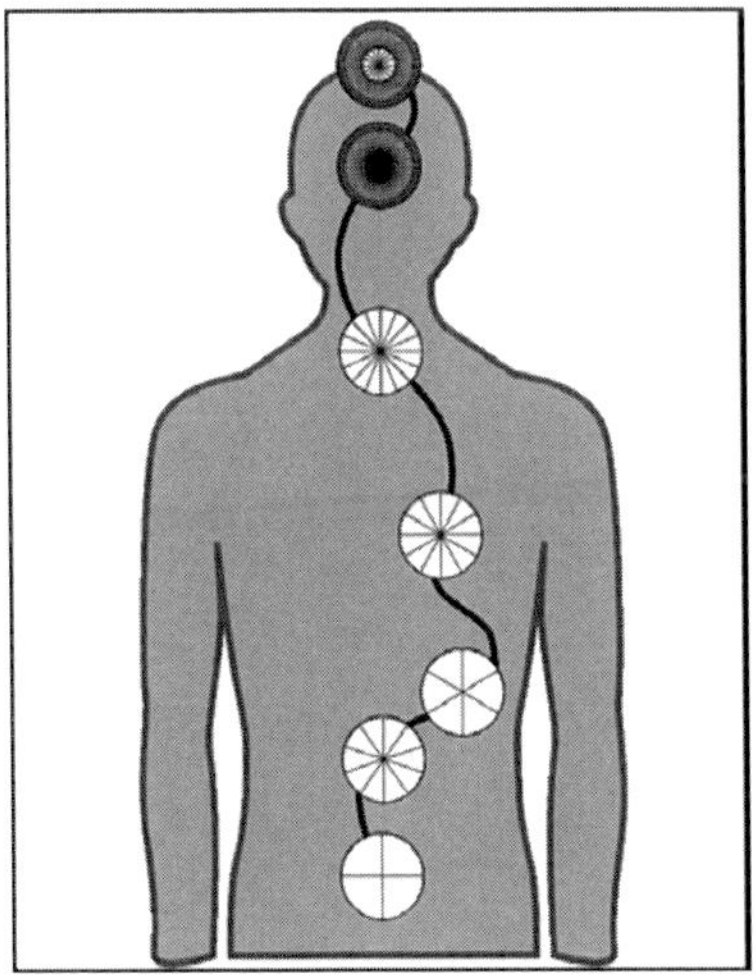

人体におけるチャクラの系統図

人体には7つのエネルギー・センター(チャクラ)があります。チャクラは『輪』を意味するサンスクリット語です。その各々の位置は内分秘腺が存在する場所と同じです。個々のチャクラは可視光スペクトルに基づき、異なる振動率で振動しています。最も低い位置(基盤)にあるチャクラは赤、仙骨部のチャクラはオレンジ、太陽神《しん》経叢《けいそう》の近辺に位置するチャクラは黄色、心臓のチャクラは緑、喉のチャクラは青、額のチャクラは藍色、最高部(頭頂)に位置するチャクラはすみれ色に関連付けられています。透視能力者はチャクラから放射されているこれらの色を見ることができます。その全体がオーラを形成するのです。

同時に存在している多次元の私ではなく、三次元物質世界にいる今生の私のみに焦点を合わせていること——これが、そのような見方をしている理由だそうです。

色彩の重要性に気付き、それらを使って心を和ませること、癒すこと、活動や休息の場を創造すること、等を学べば、私たちの意識が常時目指している高次のレベルにそれを導き、調和的に適合させることができます。直感的認識が得られるように繰り返し練習し実践すれば、多次元的存在である自分自身とのコミュニケーションが可能であることは疑う余地がありません。

訓練　自分の色彩光線を決める

さまざまな色を試すことによって、個々人の色彩光線を決めることができる――私のソースはこれを示唆しました。私に与えられた明快な指示に基づき、誰もが自宅でそれを実施することができます。

そのためにはまず、厚紙製の大きなパネル（最小で60 cm×90 cm）を太陽光のスペクトル７色（赤、オレンジ、黄、緑、青、藍、すみれ色）で用意します。出来る限り正確な色を見つけるようにしてください。この点は、赤・黄・青の三原色に関してとりわけ重要です。

また、基本色以外の色を含むように色の範囲を拡張することができます。それによって、あなた固有の色の周波数に注意力を集中することが可能になります。具体的には、７色各々について３～４の異なる色合いを選んでこの実験を行うこと。これは一つの例です。

目を閉じて、各々の色のパネルと共に時間を過ごします。そして、それに触れたときあるいはその上に両手をかざしたとき、さらに、あなたの顔をそれに近づけたときの感じや感覚・気持ちを記録します。そのときあなたは、特定の色の目視基準に焦点を合わせているのではなく、色のエネルギーに対するあなた個人の反応に注意を集中させているのです。この点を覚えておいてください。あなたの目を計測器として使ってはなりません。

また、「その色が離れた所からどの程度強くあなたに影響しているか」――この点を検証することもできます。その方法は、まず初めにパネルのそばに立ち、ゆっくりとそれから遠ざかります。その際、あなたが感知できるエネルギーの変化があるかどうか、この点に注目してください。この実験をする最上の方法は、誰か別の人の協力を得ることです。あなたが個々の色から受ける感じ・感覚やその他の影響を適宜話し、協力者がそれを録音あるいは書き写します。パネルの設置や取り替えもその人に実施してもらうのです。


私たちがこれまで教えられてきたこととは異なり、私たちの五感はその全てが色に反応します。私たちが色として認識するエネルギー波――それを感知する方法は沢山ありますが、視覚はその中のわずか一つにすぎません。数多くの生物種の一つとして、私たち人類はあまりにも視覚に依存してきました。そのため、より繊細な他の感覚から離れすぎてしまい、その結果、色を私たちに見えるものとして限定してしまったのです。

上記の実験に基づき私たちは、可視的な世界を超えて、色彩の持つパワーについて多くを学ぶことができます。私はシンシアと共にそれを実施しました。すると、シンシアはすみれ色の色調に引き寄せられました。その色合いは彼女にとって他のどの色よりも元気を与えてくれるように感じられたのです。どちらかというと、私の場合は濃い紫色の色調であり、青の色合いに惹かれたことも時たまありました。このような色相に接すると、くつろいだ安らぎの気分になったのです。

この実験以来、私は自分の衣服の大部分を、青・灰色・白の色調のものに変えました。それ以前はベージュやカーキなどを含む茶系の色が中心だったのです。この変更によって、私の意識および幸福感が変わったのは間違いありません。

ここで心に留めておくべき重要な点は、あなたが最も強い感じや印象を受けた色がどれであったとしても、私たちはすべて赤系から青系の色へと移行していること、そして、藤色・藍・紫のような色調を生活環境に取り入れることにより、進歩向上を促進して人生の充足感をさらに高めることができる、ということです。

このような色をベッドやふとんの近く、および瞑想する場所に組み込む、衣服として纏う、あるいは所持品として携行する——これらを是非試してみてください。このようなちょっとしたことであっても、たゆまぬ実践を続けることにより、多大な恩恵がもたらされるのです。

大いなる一つとの繋がりの再構築

ここでご提供した情報をさまざまなワークショップで試したところ、真に意識を変えたいと望むどんな人に対しても、それが有用かつ効果的であることが分かりました。私にとってこれらの訓練から得られた最大の恩恵は、「地球が知覚可能な存在である」という認識がさらに高まったことです。

数年前であれば、このような考えは馬鹿馬鹿しいと思ったことでしょう。しかし今では、それが疑う余地のないほど確実だと思えるので、どうして全ての人々がそれに気付かないのか全く理解できません。しかし私のソースは現在に至るまで、絶えず次の点を思い出させてくれています。

「気付きが得られる時期は人それぞれ異なり、その人の準備ができたときに実現するのです。人生を旅に例えれば、その旅こそが最も重要なのであり、その最終的な成果である気付きは、まさにその旅の記憶であり思い出なのです」。

「色彩・宝石・鉱物の活用に関する情報は、まさに絶好・絶妙のタイミングでもたらされた」と確信しています。

数十年前、私たち人類は、夢を可能にする未来技術を想像し青写真に描きました。しかし、直近の10年間にそのどれをも凌駕《りょうが》するテクノロジーが開発されました。月に人間を送り無事に帰還させるというのは、数十年も前に人類が達成した偉大なる業績ですが、それをはるかに超えて宇宙の最果ての探査をも可能にする最先端テクノロジーが、今や現実のものになりつつあります。

また、コンピューター技術は、人間の脳と互角に張り合うレベルにまで進化しています。私たちの多くは、その日の生活が始まる朝、ゆったりとくつろぐ夜、さらに病気の治療や症状の改善、食料となる農作物・家畜の生育や保存等に、特に考えることもなく常に化学製品を使っています。

具体的な例はまだまだ沢山あります。今や私たちは世界のどこにでも旅をすることができます。平均寿命も延びました。以前は全く不可能だった方法によって、個人レベルおよび異文化間の情報・知識のやり取りが、驚くほど簡単かつ高速でできるようになっています。まさに現代文明の所産であるテクノロジーによって、私たち人類は数多くの有益かつ素晴らしい偉業を達成したのです。

けれども、このようなコミュニケーションの高速化・高効率化と共に、私たちの生活の全体的な質は、技術の進歩による便益や恩恵を帳消しにするほどに低下してしまいました。人類は、霊性面・感情面・(時には) 肉体面において、自分たちの本質・本源からどんどん遠ざかってしまったのです。

そして、私たちの惑星から自分自身を切り離し、それによって、母なる地球をないがしろにしてしまいました。私たちの生命や生活そのものは、まさに全面的に地球に依存しています。それにもかかわらず人類は、母なる地球を、私たちと不可分一体というよりもむしろ見知らぬ存在にしてしまったのです。

超古代の先進文明は人間と地球のつながりを神聖なものと考えていました。そのとき私たちは、地球の持つパワーを知り、私たちが本来地球と一つであることを理解していましたので、私たち自身に内在するパワーについても正しく認識していました。

現在では、私たちの足の下にある岩盤そのものとの繋がりがなくなり、それによって、太陽と共に私たちのために存在している最強のエネルギー源 (すなわち地球) を有効利用する手段も失われてしまったのです。

地球のエネルギーと太陽のエネルギーは、強奪あるいは使い尽くされるためではなく、私たちと相互作用をするために存在しています。そうすることによって、地球上の全ての生命体がその相互作用の過程から恩恵を得ることができるのです。

私たちの社会はひどく不均衡になっています。私たち各々は、その不均衡の是正に努力を傾けねばなりません。私たちの精神エネルギーは、私たちに与えられているエネルギーや食料に対する見返りとして、母なる地球に捧げる贈り物です。

残念ながら私たちは、近年、自分たちの集合的精神エネルギーを全て自分たちだけのために使ってきました。しかし私たちは、この残念な現実から学び、新たな方向へと進んで行かねばなりません。個人レベルで可能な最初のステップは、私たちの意識の焦点を地球に向け直すことです。

色彩や宝石・鉱物に関して私が得た情報は、超古代の人々が真に理解していたことを思い出すための重要な手掛かりになると思われます。簡単に言えばそれは、できる限り地球を敬い、尊重し、あらゆる面で地球と調和することです。その返礼として地球は、私たちを支え、養い、保護してくれると共に、全ての魂が人間として学び、成長し、生きるための場所を提供してくれます。

私のソースによると、大洪水以前の太古の時代においては、宝石・鉱物の超自然力は周知の事実であり、子供たちもその知識を教えられていました。それはちょうど、私たちが現在、子供たちに靴ひもの結び方や本の読み方を教えるようなものだったのです。

この知識は今再発見されつつあります。私たち自身をあらためて地球の元素に同調させることが必要なのですが、その必要性がヴィジョン（映像・画像）や夢によってますます多くの人びとに伝えられています。私たち各々は大いなる全統一体の不可欠な要素であり、私たち全てはこの宇宙を構成している創造的パワーの重要な一部である――私たちはこのことを確信せねばなりません。

あなたが石に同調するための意識的努力をしているとき、あなたは、この『全統一体』・『大いなる一つ』・『創造的パワー』――あなたが心地よいと感じるどのような呼び方でも良いのですが――との繋がりを再構築しているのです。

たゆまぬ練習によりあなたは「創造によって生み出されたあらゆるものと同様に、あなたが微かなエネルギーを放射していること」そして「それに気付く感受性があなた自身に備わっていること」を理解し始めるでしょう。この認識により、私たち全て――創造によって生み出されたあらゆるもの――が相互に繋がっていることが明らかになるのです。

第❹章

夢

【解説】 夢はどのように私たちの人生や生活に影響をあたえるのか？

本章においても、引き続き私たちの日々の生活に即刻適用可能な情報をご提供します。

スキャリオン氏は、キース氏と共に行われた高次の意識状態における質疑応答において、次のように述べました。

・夢は個々の人間を人類の集合意識につなげてくれます。ある面において夢は、人間が抱えている問題を解決する助けになります。さらに夢は、別のレベルにおいて、他の意識世界や同じ魂のグループに属する他の人々、たとえば友人・知人にもつながります。

・人間は人生において、感情面や精神面そして身体面や霊性面での大きな変化を経験します。であるがゆえに、夢を『道しるべ』と見ることができるのです。このような変化に起因する戸惑いや混乱は、必ずしも覚醒状態のときに修正されるわけではありません。むしろそれは睡眠状態の間に処理されるのです。夢は、前日のさまざまの状況を評価・再検討し、それに基づいて何らかの提案をする機会を潜在意識に与えます。

実のところ、これらの点は、心理学分野においても研究され確認されているのです。マイケル・タルボット著『投影された宇宙：ホログラフィック・ユニヴァースへの招待』の第3章には、モンタギュー・ウルマン氏による研究結果が次のように説明されています。

モンタギュー・ウルマンは、ニューヨーク・ブルックリンのマイモニデス医療センターにある夢研究所を設立した精神分析医であり、同じくニューヨークにあるアルバート・アインシュタイン医科大学の名誉教授である。1960年代、70年代を通じてウルマン氏は、ESP（超感覚的知覚）夢実験の多くを取りしきっていたのである。このマイモニデスで行われたESP実験は、まだ説明はつかないものの、少なくとも夢の中においては、私たちが互いに交信できることを確認した最有力の証拠として、今日でも際立っている。

ウルマンは、この実験結果から、夢にはホログラフィックな全体性の深遠なる側面が見られる、と感じている。それは、夢の中の自分が目覚めた状態のときよりもしばしばはるかに賢くなれる、という能力である。たとえば、彼の精神分析の診療で、目覚めている時には意識が低くてどうしようもない患者が来ることがある――意地が悪く利己的で高慢、他人を操り利用することばかりを考え、人間関係もすべて人間らしい暖かみに欠け、何一つ全うできないような人物だ。しかし、どんなに精神的に盲目であっても、自分の短所を認めようとする気がなくても、夢は例外なくその欠点を正直に描写し、そこにはあたかも自分の覚醒をやさしく促すかのような比喩が登場するのである。

それればかりか、このような夢は、一度きりで終わるわけではない。ある診療のケースでは、患者が自分に関する真実を認めず、それを受け入れようとしなかったとき、その真実が何度も何度も夢の中に現れてきたこともある。違う比喩に形を変え、過去のさまざまな関連した体験と結びついてはいたが、そうした夢は、いつもこの真実に直面する新たな機会を提供しようとするものであることが、はっきりと見て取れた。

これは、スキャリオン氏の高次意識に基づく洞察が極めて的確かつ信頼性の高いものであることを示しています。

夢の機能・役割や可能性の探求

夢は思考の意識世界から抜け出て高次の精神世界に入っていく旅です。夢は、夜あるいは日中の静かで落ち着いているときにやってきます。

夢は過去や未来への出入り口のようなものであり、夢によって時間軸上の移動が可能になります。夢は、出来事が起きる以前に私たちをその現場に連れて行くことができますし、また、すでに起きてしまった出来事を再現して私たちに見せることもできます。ある人々にとって夢は、私たちと古代世界や未来文明、そして時空を超えた世界を結び付けてくれるのです。

夢は、あなたに起こりそうな未来の出来事を予告し、差し迫った危険性を警告して、あなたの健康状態や人間関係についての洞察を与えるとともに、今生におけるあなたの目的を見出すための導き手にさえもなってくれます。

ここでは、ゴードン・マイケル・スキャリオンとシンシア・キースが、高次の意識状態における質疑応答という形式で、夢の機能・役割や可能性を探求します。

キース：まず初めに伺いますが、夢は誰もが見るものなのでしょうか？

スキャリオン：人間にとって夢を見ることはごく自然な行為です。言うなれば夢が押しとどめられてしまい、気付きの意識に達しない人々もいますが、一般的には、ほとんどの夢がそのようなレベルに達します。多分50パーセントの人々は、何はともあれ夢を断片的に覚えていますし、生活の自然な一部として夢見を経験します。

キース：人間は昔からずっと夢を見てきたのですか？

スキャリオン：人間の意識の初期段階からずっと夢見をしています。それは人間が地球に来て発展し始めた頃、今から約千八百万年前のことです。その時人間の見た夢は集団としてのものでした。しかし、時が経つにつれて、人間が自主性を持つようになったため、夢も変化しました。言い換えれば、夢見が集団としての経験ではなくなったのです。認識力が個人的な特徴を帯びるようになり、その時点で個別の夢見が始まりました。

キース：夢は個々の人間を人類の集合意識につなげてくれるように思われますが……。

スキャリオン：その通り。さらに言えば、夢はさまざまな目的が組み合わさったものとして見られるべきなのです。なぜなら、夢は三つの辺をもつ三角形のように一つ以上の機能をもっているからです。

ある面において夢は、人間が抱えている問題を解決する助けになります。さらに夢は、別のレベルにおいて、他の意識世界や同じ魂のグループに属する他の人々、たとえば友人・知人にもつながります。

そして三番目の役割、それはまれにしか理解されませんし認知もされませんが、おそらく最も有力な機能であると言えます。夢見の間、魂は人間の毎日の活動内容を魂の貯蔵所に記録しているのです。というのは、睡眠時、魂は高次の意識状態にあるのですが、目覚めているときはほとんど抑制されています。目覚めている時であっても魂が強く自己主張することも時折あるのですが、再び夢見の状態になるまではほとんどが抑えられているのです。そして魂は夢見の際、その人間が経験したこと、学んだこと、そして学ぶ必要のあることを記録するのです。

キース：夢は私たちの人生に影響を及ぼしますか？

スキャリオン：人間は人生において、感情面や精神面、そして身体面や霊性面での大きな変化を経験します。であるがゆえに、夢を『道しるべ』と見ることができるのです。このような変化に起因する戸惑いや混乱は、必ずしも覚醒状態のときに修正されるわけではありません。むしろそれは睡眠状態の間に処理されるのです。夢は、前日のさまざまな状況を評価・再検討し、それに基づいて何らかの提案をする機会を潜在意識に与えます。

キース：夢を理解することは重要ですか？

スキャリオン：もしも夢を理解して適切に対応するならば、それは非常に有益になり得ます。たとえば、あなたが人間関係において困難な時期にあり、どちらの方向に向かうべきかが分からないとしましょう。そのような時に夢は、どのようにしてこれらの状況に対処すべきかの指針を与えてくれます。

もしも覚醒時に夢を思い出すことができれば、それは意思決定にも影響を与えます。それはちょうど、高次の意識が低次の意識と交信するようなものです。

キース：多くの場合、夢は解釈するのが難しいですね。夢の解釈の仕方をどのようにして学べばよいのか、何か提案がありますか？

スキャリオン：もっとも簡単な方法は、目覚めたらすぐに自分の見た夢を記録することです。たとえそれが断片的な内容であっても役に立ちます。たとえば、夢の中であなたは列車に乗っていたとしましょう。その場合あなたは、列車の旅の夢を見たことを思い出します。初めはその夢の詳細が分からないかもしれませんが、それが列車の旅だったことは覚えているでしょう。

夢の内容を書き記すことは、夢についてのさらなる指針を高次の自分に求めることなのです。すると、覚醒時に、その夢の他の断片を少しずつ思い出すかもしれません。それらの断片が合わされば、それがあなたの求める助けになることでしょう。

また、この過程は補助的な夢を翌日の夜に見るきっかけになります。もしかするとそれは、翌週、翌月、あるいは翌年かもしれませんが、その夢をさらに明確化してくれるのです。

キース：夢を思い出すように努力することは人々にとって重要ですか？

スキャリオン：もしも夢の効用や認識・意識の拡大を求めるのであれば、重要になります。というのは、夢見の間、まさに夢自身が高次の意識への通路になるからです。

夢は意識の新たな段階を探求する機会を提供します。それゆえ、もしもその実行を自分自身に約束し誓約するならば、その誓約それ自体が成長して大きくなります。その恩恵はすぐには得られないかもしれません。しかし、おそらく数か月内あるいは一年ほどが経過すれば、自分が物事を違ったふうに見ていることに気づくでしょう。それはちょうどあなたが、自分の脳のスイッチを入れて、以前持っていなかった能力を獲得するようなものです。

キース：夢を意識すればさらなる恩恵を得られますか？あるいは、たとえ私たちが夢を思い出せなくても、夢は別のレベルで機能していて、私たちを助けているのでしょうか？

スキャリオン：あなたが自分の夢を思い出しても出さなくても、それに関係なく夢は四六時中働いていています。

キース：夢は私たちの健康状態あるいはそれを改善する方法を教えてくれますか？

スキャリオン：おそらくそれは夢の持つ最も有力な機能の一つです。というのは、身体は物理的・生理的にさまざまな変化を経験しますが、同様にそれらの変化は、高次の意識に直結している内分泌系に種々の変化をもたらすからです。

身体がそのような変化を経験するとき、どんな活動があなたの健康や安寧に有益でないかを、夢が示してくれます。それゆえ夢は、身体の健康維持に多大なる貢献をしてくれますし、それを夢自身の言語で示してくれます。

キース：夢自身の言語とはどういう意味ですか？

スキャリオン：夢は過去生や今生の記憶貯蔵所への通路の役割を果たしています。これらの異なる人生においては、あなたは沢山の異なる言語を使っていたことでしょうが、今のあなたはそれらを理解できません。それゆえ、交信するため、あるいは物事を見せるため、説明するために、夢は汎用言語を使います。そのため、多くの人々にとって夢は紛らわしく分かりにくいのです。

しかし、もしも異なる観点から見ることができるのなら、また、もしも夢がより高次の意識からの情報を伝えられる言語を用いていると考えれば、その言語が言葉でなくシンボル（象徴）の形式であることは理に適っています。

キース：そのシンボル言語を学ぶ方法はあるのですか？

スキャリオン：多くの場合シンボルは個別で、夢見る人に固有なものです。まず、夢に現れた画像・イメージのことを考えてください。

たとえば、先ほど述べた列車の夢について考えてみましょう。あなたはその列車に乗っていました。さて、ここで考えるべきは、「その列車はあなたにとってどんな意味を持つのか?あなたに何を示しているのか?」という点です。

それがあなたに対して意味することとは、他の誰かに対して意味することとはどこかが異なります。あなたがその意味を考え始めることは、自分自身を高次の意識世界に開放することになります。そして、あなたがそれをするに従い、その夢があなたに伝えようとしていることを、より深く理解するようになるのです。

キース：夢は未来の出来事について警告してくれますか?

スキャリオン：夢は未来の出来事について警告することができます。また、すでに起きてしまった出来事を振り返って見直すことも可能です。

警告のほとんどは人生における繰り返しのパターンに基づいています。たとえばある人は、争いや利害の対立を生み出すと分かっていても、常に曲がり角を間違えてしまうということがあります。曲がり角というのは、人間関係のことかもしれません。しかし、その人が夢の中でそれを指摘されることでその状況に気付くことができたならば、そのパターンを変える機会が与えられます。

人間はまた、大惨事や大災害の可能性についても夢による気づきが得られることがあります。たとえば、理由はわからないけれど、その飛行機に乗ってはならないということがはっきりと分かったという人がいました。そしてその後、その飛行機が危機的状況に遭遇したことを知らされました。

さて、残された疑問は、「この気づきはいったいどこから来たのか？」という点です。その人はどのようにしてその危機に気づいたのでしょうか？それは直感です。さらに言えば、直感がやってくる前に、そのような危機的状況を警告する夢を見ていたのです。すなわち、その事件の発生日時が近づいてくると、たとえ夢の全体像は分からないにしても、何らかの問題がそこにあり、それがエネルギーを働かせていることを、夢から知らされ感じていたのです。

キース：夢は人生の目的を見出す上で助けになりますか？

スキャリオン：人生の様々な周期を通過するとき、私たちは経験しなければならないカルマの一部に遭遇します。それは私たちの魂が選んだものなのです。そのカルマは私たちが他の人々と接触するように仕向けます。その人たちから何らかの援助が得られる場合もありますが、そうでない場合もあります。

私たちは、これらの条件あるいはパターンに基づいて、進む方向を選ぶことができるのです。ほとんどの人々にとって、するべきことを知らないというのが問題ではなく、するべきであると分かっているのにそうするのを恐れることが問題なのです。

キース：白昼夢はどうなのでしょうか？それは通常の夢と同じですか？

スキャリオン：部分的には同じですが、意識のレベルが異なります。それは人間が短時間だけ変性意識状態に入ることであり、その意識レベルに同調することなのです。それは、何らかの方法で精神状態が変化してしまうようなものです。

考えるつもりがなかったことをいつの間にか考えていることに突如として気付くことであり、それは新たな意識状態なのです。それは霊能力が作用し始めることと、より深く関係しています。これらすべては、以前のある時点で見た夢にその原点があるのです。

キース：夢に現れるある種の物事には普遍的特性があるようです。その一つの例は空を飛ぶことですが、それには何か重要な意味がありますか？

スキャリオン：空を飛んでいる夢を見るとき、おそらくその人は体外離脱をしています。

キース：今生以外の人生経験についてはどうでしょうか？たとえば夢は、過去生や未来の人生について示唆することがありますか？

スキャリオン：一部を除いてすべての人々は過去生の夢を経験しています。そのような経験がない人々の場合は、彼ら自身がそれを遮断しているのです。しかし、大部分の人々にとって過去生は、今生で経験されつつある教訓・訓戒なのです。人々が生まれ変わるとき、彼らはその転生において学ぶべき教訓を事前に選びます。そして人々は、今生における経験に一層関連のある過去生の夢を見るのです。たとえば、それらの人生における過ちに気付かせる、それを改善する方法を示す、あるいはそれを達成した人生を見せることにより、夢がその人々を助けてくれるのです。ですから、ほとんどの人々は過去生の夢を見ます。これが質問に対する答えです。

キース：ありがとうございました。

夢についてのワークショップ

私（ゴードン・マイケル・スキャリオン）の導き手である高次元の存在は、私たち人間が霊性開発の新たな段階に入りつつあることを教示してくれました。これが起きるに従い、夢は私たちすべてにとってより生き生きとしたものになり、私たちが個人や集団として取るべき道筋について、さらに一層詳しく教えてくれます。「意識や夢見におけるこの新たな変化を最大限活用したい」と考えている人々のために、いくつかの提案をさせていただきます。

もしも私たちが毎朝の起床時に、夢の内容を思い出すことに自ら進んで時間をかけるならば、未来への洞察を得ることができます。人間が夢見に使う時間はわずか5分だけの場合もあります。私の場合は大体一時間ぐらいですが、最初の5分ないし10分の間に、前夜見た夢の教訓が何であったのかを、かなりの程度良く理解することができます。

私たちの霊性面の開発が最も集中的におこなわれるのは睡眠時であることが分かっています。つまり、夢を思い出すのに少々時間を割く、というのは極めて道理にかなっているのです。夢の中で生み出される情報は極めて豊かであり、得るところが大きいからです。

まず、朝の数分間をこれに充てる、すなわち、前夜に見た夢を思い出してそれについて朝食の席を共にする人たちと話す、ということから始めてはいかがでしょうか？

もしも子供たちがそうするように励まされるならば、彼らは喜んで自分たちが見た夢について話すでしょう。そして非常に多くの場合、彼らの夢はつづれ織りのような豊かなイメージにあふれており、それを彼らの好きなように使うことができるのです。もしあなたが一人で朝食をとるならば、ノートを手元において、思い出した夢の内容を手早くメモします。シンシアと私は、一緒に朝食をとりながら頻繁に自分たちの見た夢について話し合います。楽しいのはもちろんですが、それによって、忙しい一日が始まる前の時間を一緒に過ごすことができるのです。

また、夢日記をつけることは非常に重要です。たとえ当初、夢の詳細が分からなくても、思い出したことは全て書き出すのです。感じや印象しか思い出せない場合がしばしばありますが、とにかくそれを、鍵となる言葉や形、色、人物、場所等と一緒にメモします。

これを実行すると、日中の覚醒時に、あなたの潜在意識が顕在意識に向かって開き始め、その結果、夢の断片が思い出されてくるのです。どんなに取るに足りないことに思えても、それを書き出すことが大事なのです。そのうちに空欄が埋まっていき、あなたの夢旅行からさらなる気づきが得られるようになります。

あなたの夢の情報は、おそらく自己啓発に関して受け取ることができる最も重要な知識なのです。この点を心に留めておいてください。あなたの潜在意識以上にあなた自身について知っている人は誰もいません。そしてそれは、毎夜夢の中であなたの手助けをしてくれるのです。

これまで私は、専《もっぱ》ら夜間に起きる夢について話してきましたが、夢は日中にも起きます。あなたが夢の想起法に習熟するに従い、それに気付くあなたの能力も増大して利用可能になります。それは、あなたが夢の開発にどれだけの時間を投入する用意があるのか、まさにこの点にかかっているのです。

それは夢、それとも過去生への旅だったのでしょうか？（シンシア・キース）

夢は私たちに内在する最も強力な資質です。私たちの魂の導き手や他界した大切な人たちは、一種の舞台裏のような別の世界にいます。そこでは真の自分でいることができるのですが、夢は私たちをその世界に繋げてくれるのです。

夢は、私たちが意識的に考え得るよりもさらに一層自分のこと、たとえば健康状態、才能、そして心の奥底にある願望さえも明らかにしてくれます。しかし、夢のもつ絶大なパワーの一つは、過去生のような別の時空に私たちを連れ戻すことができる、ということなのです。

私は数年前にこのパワーを体験しました。それは、メキシコの首都メキシコシティー近郊にある古代遺跡テオティワカンへの旅行中のことでした。

私はその旅行があまり楽しみではありませんでした。理由は分からないのですが、その遺跡のピラミッドを訪れることに一種の恐れを抱いていたのです。

チチェン・イツァやウシュマル等の他のピラミッドには何の恐れもありませんでした。しかし、テオティワカンは違っていました。行きたくはなかったのですが、結局行くことに同意したのは、恐れているという理由でそれをしないままにしておくということが嫌だったからです。

メキシコシティーまでは飛行機、そこからテオティワカン遺跡の近くのホテルへはタクシーで移動しました。それはとても疲れる長旅で、しかも暑い季節でした。ホテルに荷物を下ろしたときにはすでに夕刻に近かったので、ほんの短時間の滞在になることが分かっていたのですが、ゴードンと私は現地まで歩いて行くことにしたのです。

テオティワカンは素晴らしい遺跡でした。神殿・宮殿・講壇等の壮大な建築物が、『死者の通り』と呼ばれる幅の広い目抜き通りの両側に並んで建っていました。その設計や配置は完璧そのもので、まさに畏敬の念を抱かせるものでした。『太陽のピラミッド』は実際のところ世界で三番目の大きさで、ゴードンは一緒に登ろうと言ったのですが、私は断りました。再び恐れが頭をもたげてきたからです。

すでに見学終了時間の間際だったため、私たちはホテルに戻ることに決めました。そのとき、「全盛期にはさぞかし壮麗だったのだろうが、それに比べて今は何と殺風景で活気のないことか」、という想いが頭をよぎったことを覚えています。

何にしてもその夜は本当に疲れていたため、頭が枕に着いた途端に眠りにつきました。

しかし、眠りに落ちるや否や、不可思議なことが起きたのです。私自身は依然としてベッドにいるのですが、まるでホテルの壁が剥がれ落ちた感じで、その場所は広くてにぎやかな大通りの真ん中なのです。

ピラミッドは全て現在と同じ配置です。しかし、それだけではありませんでした。鮮やかに彩色され装飾された建物群が大通りに沿って並んでいたのです。それは活気に満ちた目抜き通りで、商店や集会場、屋外市場、集合住宅等が建ち並び、色鮮やかな衣服に身を包んだ沢山の人々が集っていました。中には風変わりで手の込んだ羽毛製頭飾りを付けている人たちもいました。

遺跡の場所が生き返り、誰もが忙しそうに話しながらあちこち行き来していました。図案化された動物や奇妙なシンボルを表現した壮大な壁画が、目も綾な赤や青、緑、金色に輝いており、建物群の多くをさらに魅力的にしていたのです。その光景はまさに圧巻でした。

私はベッドの上で起き上がり、もっとよく見ようとしたのですが、さらに詳細を把握する前に、人々や商店、集会所等、別の一群の光景が次から次へと重ね合わされるような感じだったのです。そのような映像が次々とやってきて、あたかも映画を先送りして見ているかのように、加速的に動いて行ってしまいます。そしてその間ずっと私はベッドの上なのですが、私がそこにいることに誰も気づきません。人々は私を突き抜けてしまいます。

そのとき私はハッとして目が覚めました。息もつけないような状態でした。私の周りにいた忙しそうな人々や騒がしい市場を再び見ることができる、と期待してあらためて周りを見回しましたが、それらはすべて消え去っていました。太陽が昇り始め、実際の私はホテルのベッドの上にいることが分かったのです。部屋の壁が無事の状態であることが確認できて安堵しました。

一体何が起きたのか皆目見当がつきませんでしたが、それはまさに、私にとって最も意味深く理解しがたい経験の一つだったのです。事実、もしもそれが夢と呼べるのなら、テオティワカン滞在中の全ての出来事の中で、それが最も記憶に残ることでした。

さて、これには一体どんな意味があるのでしょうか？夢だったのでしょうか？まるで私がその場所にいて、過去の文明やその当時の人々も全てそこに存在していたかのようでした。そして、それらと私は位相がずれているものの、同時に同じ空間に存在していたかのようだったのです。

それは一つあるいはいくつかの私の過去生の記憶だったのでしょうか？私には分かりません。しかし、少なくともそれはあの場所を活気づかせ、遠い昔テオティワカンがどのようであったのか、それについての見方・考え方を私に示してくれました。それは、今のあの遺跡の中をただ歩きまわるだけでは決して得られない情報です。もう一つの良かった点は、どういうわけか私が抱いていた恐れが消え去ったため、残りの滞在を充分楽しむことができたということです。

遺跡の中を歩きながら、夢で見た色鮮やかな壁画の証拠らしきものを探したところ、驚いたことに、沢山ある保護地区の中で、かつて建造物の壁を見事に飾っていた色彩の褪せた痕跡を見ることができました。

そして、最後に遺跡を後にしたとき、私たちは突如気付きました。それは、もしも私たちが遺跡を抜けて『死者の通り』と同じ方向に歩き続けたとしたら、私たちはまっすぐかつ正確にホテルの私の部屋に行き着いたであろう、ということです。ホテルの私のベッドは、まさに古代の大通りの真ん中に位置していたのです。

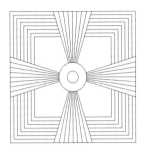

第❺章

アイルランドのベリル

【解説】スキャリオン氏と「実体たち」のセッション

本シリーズ『未知なる世界編』の第5章、第6章においても述べたとおり、五感に基づく私たちの日々の経験は三次元物質世界の現実ですが、どうやら私たちの宇宙には、この同じ三次元に複数の異なる世界が同時に存在しているようです。

これは、未来予見者ゴードン・マイケル・スキャリオン氏が実際に幾度となく経験した、極めて特異な現象です。過去世・未来世におけるスキャリオン氏自身が各々独自の時間に実在し、彼ら自身の人生を送っています。それは数百年・数千年前の過去あるいは未来なのですが、彼らは各々独自の人生を過ごしつつ、同時に現在のスキャリオン氏に交信してくるのです。

スキャリオン氏の顕在意識は眠っているのですが、無意識の心は時空を超えて、覚醒状態で理解するよりもずっとたくさんの情報を収集することができます。時空連続体にある条件が整うとき、限られた時間だけポータル※が開き、「未来の自分」が「現在の自分」や「過去の自分」とコミュニケーションできるようになるのです。

スキャリオン氏から提供された物語には『同時存在の異なる現実世界』からポータルを

通ってやってきた三人の実体が登場します。彼らはいわばスキャリオン氏の分身のような存在で、有用かつ価値の高いさまざまな情報を提供してくれます。本章では、そのうちの『アイルランドのベリル』をご提供します。なお、残りの二人、すなわち『アトランティスのエク・カー』『未来からやってきたローハン』については、『未知なる世界編』でご紹介しているので、ぜひご一読ください。

さて、スキャリオン氏はベリルと数多くのセッションを行いましたが、その中に月や星々が人間に及ぼす影響についての質疑応答があります。ベリルはかなり詳しく答えていますが、その中で最も重要な点は次の二つだと思われます。

(1) 占星術面あるいは数秘術面の星の配置がどうであれ、また、タロット等のカードが何を示唆しようとも、これらはどれも人間のもつ自由意思のパワーを凌駕することはできない。

(2) 天体があなた方に影響を及ぼすのは、その天体が存在する位置ではなく、あなた方がかつてそれらの天体に居住していたからである。

ベリルはまた「薬物中毒になっている若者たちに対処する最も効果的な方法は何でしょ

うか?」という問いに対し、かなり詳細な情報を提供しています。とりわけ音楽や色彩の重要性を強調していますが、エドガー・ケイシー氏も同様な点を指摘しました。

そしてベリルは、特にロック音楽の有害性について「ロックと呼ばれている音楽は、強すぎて不快な振動であり害を及ぼします。この名前の音楽すべてが有害というわけではありませんが、ほとんどがそうなのです」と述べています。

植物を使った科学実験からも、ロック音楽が健康に悪いことを示すデータが得られています。この事実は、ケイ・ミズモリ氏の著書『超不都合な科学的真実』(徳間書店・五次元文庫)において次のように述べられています。

アメリカのオルガン奏者でメゾソプラノ歌手のドロシー・リタラック夫人は、孫を持つ年齢に達してから大学に進学しました。そして、植物にさまざまな音楽を聴かせて、それが植物の生長に与える影響を調べる実験を行いました。その結果は……植物の生長に効果的だったものから列挙すると、シタール(北インドの楽器)によるインド古典音楽、バッハを筆頭にしたクラシック音楽、そしてジャズ音楽、という順番だったのです。

ちなみに、シェーンベルクのような前衛音楽やフォーク音楽、カントリー・ミュージックなどは、音楽を聴かせない場合と比較して、ほとんど違いは現れませんでした。特筆すべきは、クラシック音楽を聴かせた植物はスピーカー方向に茎を伸ばしたのに対して、レッド・ツェッペリン、ヴァニラ・ファッジ、ジミ・ヘンドリックスなどのロック音楽を聴かせた植物は、スピーカーから遠ざかるように伸び、しかも、何も音楽を聴かせなかった場合よりも生長が遅かったことでした。

当時、この実験の結果はアメリカで大論争を巻き起こしました。遺憾ながら、権威ある学者たちにより、「音楽が植物の生長に影響する」という事実はもみ消されてしまいましたが、「ロック音楽が植物だけでなく人間にも悪影響を与える」という疑いをぬぐい去ることはできなかったのです。

月もまた植物の生長に影響を及ぼしているようです。ベリルはこの点についても極めて実用的で役立つ情報を提供しました。「農業従事者、特に年配の農場主は本当にこのことを知っていて豊作を享受している」、とベリルは言っていますが、確かに昔から、月は人々の生活と密接な関係を持っていました。

「多くの民族が月の満ち欠けを基準にした『太陰暦』を基にして、生活してきた」という事実が、これを如実に示しています。日本でも明治時代の初めまでは、この太陰暦を使っていました。これは旧暦とも言われ、旧盆・旧正月など、今でもさまざまな年中行事に用いられています。有名な仙台の七夕も、８月７日、つまり旧暦で祝われているのです。また、台湾・香港等で広く行われている占星術『紫微斗数』も太陰暦に基づいています。

『潮の干満』が月の引力に関係していることは、良く知られている事実です。「人の生死はこの潮の満ち干に関連している」と昔から言われています。人は満ち潮のときに生まれ、引き潮のときに死ぬことが多いというのです。また、出産は満月の日に多いともいわれています。女性の『月経』の周期が月の公転周期、すなわち月が地球を一周する期間とほぼ等しいのも、単なる偶然ではないと思われます。

少々前置きが長くなりました。それでは、アイルランドのベリルとのセッションをお楽しみください。

※ポータル（portal）：時空連続体に開く窓のようなもの。異次元世界や異なる現実世界とのコミュニケーションは、この窓を通して行われる。

時間の流れを超えた過去生との交信

私、スキャリオンは1980年代ずっと、定期的に夢の中で過去生のヴィジョンを見ました。また、私のソース（高次元の情報源）から、私の過去生の状況に関する膨大な量の情報を受け取りました。その数年後、これらは幾分抗し難いほど圧倒的になりました。しかし、それにもかかわらず、これらの機会に自分自身を開放することにより、それに伴う困難さを穴埋めするのに充分なほどの洞察や情報の明確さが得られる……そのように思えたのです。

そして、見せられたヴィジョンの多くは、つらく対処するのに痛みを伴うものでしたが、長い期間にわたり、私は積極的で前向きな姿勢をとり続けることができました。もはや過去生の情報はこれ以上知りたくない、と思い始めたちょうどそのとき、それ以前に見たものとは違って、むしろ楽しく心地よい種類の過去生に出会ったのです。

シャリは私の娘ですが、私とは血縁がありません。彼女がある日、個人リーディングを受けるために私のところにやってきました。リーディングの録音はしないでほしい、ということでしたので、明らかにそれはシャリにとって私的なものだったのです。

通常の状況下では、私の顕在意識がその場に居合わせ、ソースが提供するすべての情報に耳を傾けます。しかしその時は、何か違うことが起きました。結局のところシャリのリーディングは、録音なしの、極めて個人的かつ私的なものになったのです。

私はいつものように瞑想状態になり、光のシャワーの中にゆっくりと螺旋《らせん》を描きながら降下していきました。その時点で顕在意識の私は流れ去り、ソースの意識が入ってくるのです。あの時私は「螺旋状の光だけがすぐさま私自身の中に戻ってきた」と思ったのですが、実際に起きたことはシャリが説明しなければなりませんでした。

私の咳の発作がおさまったとき（訳注：これは通常の場合の合図であり、ソースへの意識の移行の完了を示す）新たな実体が現れて自己紹介をしました。

この実体にはアイルランド系ゲール人のアクセントがあり、ベリルと名乗りました。彼は15世紀からやって来た意識体で、後ほど分かったのですが、霊的な存在ではありませんでした。もっと正確に言えば、彼は過去生の私であり、時間の流れを超えて今生の私の意識に入り込んで交信してきたのです。

ベリルとのセッション

ベリルの説明によると、彼は彼自身の無意識の心から直接コミュニケーションをしていて、15世紀のアイルランドにおける彼の顕在意識は、この私へのコミュニケーションには気付いておらず、仮に何かを思い出したとしても、それは夢としてのみ感知されるのだそうです。

ベリルは愉快で面白い個性の持ち主でした。その後私たちは彼と数多くのセッションを行いました。それらはすべて録音されましたが、常にシャリあるいは他の若者が同席しました。「なぜあの特定のセッション（シャリのための個人リーディング）を選んで私に交信してきたのか？」と尋ねたところ、「あなた（スキャリオン）は個性の面で、もっと気楽かつ陽気になることが必要なので、その助けとなるためにやって来た」と答えました。

私にはもっと滑稽《こっけい》で面白味のある側面があることを思い出させ、私を助けて、何事も文字通りに深刻に考えずに毎日の生活を楽しみ、人生の楽しく愉快な面を見ることができるようにする——これが彼の目的だったのです。

結局のところ、ベリルは前述の質問に対して直接は答えませんでした。しかし私たちは、彼との最後の交信の後「ベリルは、シャリの若さ、および、何事にもおかしみを見つけてそれを人生の最も困難な状況に適応できるシャリの能力に引き寄せられたのだ」という仮説的推論をしました。

ベリルが私たちと共にいた期間は短く、最初のセッションから三カ月間だけでした。そして、彼が私たちのもとに来て間もない頃「ポータルは周期的に機能するため、私の滞在期間はそれによって制限されてしまう」と説明していました。彼はまた「自分がすると決めた全てのことを、その周期が閉じる前にやり遂げたい」と言っていました。

彼から私への個人的なメッセージの骨子は極めて単純なものでした。私がそれを充分に理解すればよいのですが、「気楽にいきましょう！」と彼は言ったのです。

ベリルとのセッションにおいては、彼に質問するように参加者に要請しました。そしてベリルは、あらゆる種類のテーマに関するどんな質問にも答えてくれたのです。彼の滞在期間中に積み上げられたセッションの記録は全て編集済です。その膨大な記録の一部を次に示しました。これらはいくつかの重要な問題に関連していて、一般的に応用できると思われました。彼の賢明さと英知から学び、彼が望んだことを習得すること——ただそれだけを願っています。

「ベリルはアイルランド流の機知に富んだ人である」というのが私の見解ですが、皆さんもそれに同意して頂けるものと確信しています。

ＭＨ：私は質問者のＭ・Ｈです。月や星々が人間に及ぼす影響についてお聞きしたいと思います。振動エネルギーを送る、あるいは宇宙のエネルギーを吸収しようとする際、どのようにすればこれらの天体からの影響力に基づいて物事をより良く行うことができるでしょうか？

この影響は占星学者が確信しているほど大きな力なのでしょうか？もしそうであれば、人間の肉体・心・魂に対して、月が直接的かつ最大の影響を及ぼしているのでしょうか？

ベリル：あなたは素晴らしいレポーターですね。

ＭＨ：ありがとうございます。

ベリル：あなたは四つないし五つの質問を一つにまとめる方法を会得したように思います。

ＭＨ：私はあなたの答えを極めて重視していますので……。

ベリル：（MHの話を遮《さえぎ》って）そうですね、私たちも同じようにしようと思います。あなたの質問に対する答えを一つに要約しましょう。

MH：分かりました。それを理解し解明できるように最善を尽くします。

ベリル：まず初めに、天体のパワーは紛れもなく現実的かつ実在的であるとお伝えします。それはあなた方が想像する以上に大きいのです。しかし、ここで是非ともお話ししておきたいことがあります。それは、「占星術面あるいは数秘術面の星の配置がどうであれ、また、タロット等のカードが何を示唆しようとも、これらはどれも人間のもつ自由意思のパワーを凌駕《りょうが》することはできない」ということです。

創造主はあなた方に選択する力を与えました。あなた方が住んでいる世界、周囲の状況、居住している場所が、学びのための諸条件を設定します。あなた方は両親を選び、貴重な経験や実際的な知恵を得るための場所を選びます。しかしそれは、たとえば月が、あなた方の誕生時にこっち（一つの方向を示しながら）にあったけれども、現在はこっち（別の方向を示しながら）にある、という理由からではありません。

天体の配置は、それがあなた方にほほ笑みかける時にだけ重要になるのです。ペルシャ人は星々の配置に秘められた真理を正しく把握し、どこに焦点を合わせるべきかを理解していましたが、あの時代以降、占星術はその本質を見失ってしまいました。

あなた方は天動説と地動説について知識を持っておられるものと思います。前者は太陽中心の考え方であり、後者は地球中心の見方です。天体があなた方に影響を及ぼすのは、現在それらがあの位置やこの位置にあるからではなく、あなた方がかつてそれらの天体に居住していたからなのです。あなた方は過去において、月・太陽・火星・金星等に滞在し、そこから地球に転生しました。このような惑星における滞在は、あなた方が、これまで転生に基づいて過ごした数多くの人生から教訓や学びを得るためです。天体のパワーは、すべての人生および魂の旅の間中、互いに影響し合っています。

例をひとつお話ししましょう。もしもあなた方が過去において金星に長く滞在したのであれば、今生《こんじょう》で天空に金星の配置が生じたとき、より大きな影響を受けます。つまり、天体のパワーは転生のプロセスに関係し、あなた方に甚大《じんだい》な影響を及ぼすのです。

これは以前のセッションでお話ししたことですが、今回の参加者とは違う人たちがそのセッションに参加し、次のように言いました。「おお、占星図によると、私たちは非常に重いカルマを負っていて、ひどい人生を送ることになっている」。実を言うと、そのようなときにこそたくさんのチャンスが与えられるのです。あなた方の心の中に真実があり、あなた方の心が「大いなる一つ」とつながるとき、それを学ぶことができるのです。

そして、これこそが前回お話しした魔法のなせる業なのであり、その理由は、それがさまざまな機会すべてに優先するからです。あなた方が地球上のどこに住んでいようとも、地球とつながりのある物事すべてがあなた方の助けになるとともに、あなた方にとって貴重な経験の一部になるのです。あなた方がボストンにいてもアントワープにいても、大した違いはありません。そして、常に機会を共有することができるのです。私たちの見るところ、あなたはますますそのような分かち合いの方向に動いていると思います。

以上、少しばかりあなたの質問から外れたかもしれませんが、それに対する答えをひとまとめにできたと思います。次の質問に移りましょう。

ベリルは時たま、非常に実際的な助言をしました。

質問者：種まきの時期についての質問です。ある人々によると、種まきは、月が欠けていく時期でなく満ちていく時期にすべきだそうです。これには何か合理性がありますか？それともくだらない迷信なのでしょうか？

ベリル：農業従事者、特に年配の農場主は本当にこのことを知っていて豊作を享受しています。あなた方が従うべき規則は、新月後の三日目から九日目の間に種をまくことです。

この時期が種まきに最善なのです。ちょっとばかり奇妙に思えるかもしれませんが、日中よりもむしろ午後の遅い時間帯の方が望ましいのです。なぜなら、これによって植物が夜の時間に活動できるからです。

さて、これも豊作に関係するのですが、上中にまかれる前に、種そのものをいわばたっぷりと「充電する」ことができます。それは、種まきの一カ月前に、種を一時間ほど直接満月の光にさらすのです。具体的には、麻・木綿の厚地の粗布、あるいは黄麻布《おうまふ》の上に種を広げるのです。その種を先ほど述べた時期にまけば、豊穣で活力に満ちた作物を収穫できるでしょう。

ベリルはまた、質問者の身体面の問題の原因を明らかにし、それを改善する方法を教えてくれました。

質問者：ここ4年間、私は首と背中の不具合を改善しようと努力してきました。私がやってきたことは効果的な方法でしょうか？

ベリル：いいえ、そうは思いません。なぜなら、あなたはご自分の治療法に疑いを抱いているからです。まず初めに、その不具合の原因を知ることが必要です。それがわかれば的確に対処することができます。

あなたは身体全体に張り巡らされた経絡について熟知していますか？

そうですか。分かりました。実際にやってみましょう。まず、あなたの右手を首の後ろに回して動脈に当ててください。私たちがその場所を教えましょう（首の動脈の場所を示す）。そこに少しだけ圧力を加えてください。

もう少し強く押してください。そうです。そんな感じです。あなたがそこで感じている張りは、あなたの体を経由してその場所に達しています。その源はカルマであり、あなたが前生の終焉《しゅうえん》時に決定的打撃を受けたところなのです。あなたに必要なことは、そこに少しばかりの圧力を加えることです。これを1日5回ぐらい実行してください。おそらく2週間後には痛みがなくなり、同時にカルマも消えます。カルマが消えれば、あなたの気分も良い方向に向くことでしょう。

また、ベリルは、難解かつ深遠な質問にも尻込みしませんでした。

質問者：魂が同じ時間枠において、複数の人生を経験することは可能でしょうか？

ベリル：特定の条件が整えば可能です。例をひとつお話しましょう。これは魂の進化があるレベルに達していなければ不可能です。イエスが地球に転生したとき、彼の魂はマリアの魂と双対《そうつい》でした。魂の分割あるいは分離と言ってもいいでしょう。
かつての太古の時代、すべての魂に性別はありませんでしたが、地球における進化のある時点で性別が生じたのです。このような次第で、魂は自分自身を２つに分け、２つの意識世界に同時に存在することができます。しかし、これは進化した魂にのみ可能です。

ある質問者は、自分の最も新しい過去生についての情報を求めましたが、ベリルはその質問者の願いを受け入れました。

質問者：私の一番最近の過去世について話していただけませんか？

ベリル：はい。しかし、それはあなたにとって最も意義深い過去生ではありません。最も重要な過去生は数千年前のものであり、詳細な説明が必要です。
そこで今日は、それとほとんど同じぐらい重要であり、しかも比較的直近である過去生に関してお話しましょう。あなたの最近の転生の一つはビクトリア時代におけるものでした。そのため、あなたはビクトリア建築に惹きつけられる傾向をもっています。そうではありませんか？あなたはまた、あの時代の衣服や装身具もなじみ深く感じていて、いつの間にか空想にはまってしまいます。

あなたは英国の北部で人生を送りました。それゆえあなたはその地域にも非常な親しみを感じています。あなたは女性の教師でした。素晴らしい才能を持った正真正銘の教師でしたが、その一方、少しばかり常識に対して反抗的でもあったのです。あなたはその地域社会において、少し変わった人間と見られていました。なぜなら、あなたは春と夏の季節、子どもたちを学校の建物から連れ出して野原に連れて行き、ヒナギクの咲き乱れた野原に座らせたからです。それゆえあなたは今生において、ヒナギクや、クローバー、あるいは草地に心惹かれるのです。

当時、あなたには「野原で学ぶ物事のほうが、学校の建物の中で学習する物事の大部分よりも、子どもたちにとってより重要である」ということが分かっていました。あなたは自然環境に基づく教育の大切さを確信していましたし、あなたは今生においてもそれをしようとしています。あなたは今、地域社会に関わろうとしていますが、やがてその機会が訪れます。あなたの仕事は音楽あるいは音を巧みに操ることです。あなたが特に何もしなくても、その機会が与えられるのです。現時点ではまだ来ていませんが、そのうちにやってきます。

当時のあなたの名前はエレンでした。とても魅力的な少女でたくさんの求婚者がいました。あなたは少しばかり反抗的で、夜暗くなった後でもエスコートなしで外出していましたが、当時それは良くないことだと考えられていました。あなたは町の人々の多くをいらだたせるためにあえてそうしたのです。

あなたは今生においてもややその傾向を持っています。そうではありませんか？あなたは本心を隠さずにはっきりと言いますが、あなたにとってそれは健康的なことなのです。そのような気持ちを抑えると病気を呼び込むことになりますので、そうしない方が良いのです。あの時代、あなたは多くを学び、子どもたちを正しく理解しました。あなたは話をする際、まわりの環境のもつパワーを正しく認識していたのです。あなたが今生において音を使った仕事をするとき、それは非常に役立ちます。あなたは、そよ風やそういった種類の物事を背景に加えようとするでしょう。あなたにはその面での本物の才能がありますから、是非ともそれを認識し、それを今生で生かしてください。

あなたはあの人生で成功し、進歩を遂げました。当時のあなたのお母さんは、今生のお母さんと同じ魂ですが、あの時代のあなたには少々てこずりました。それは今生でも同じではありませんか？　彼女はいい人ですから、よく理解してあげてください。

他の質問者は、瞑想のような霊性に基づく生活の特定の面を改善する方法についての助言を求めるためにこの機会を利用しました。

質問者：瞑想の際に心を静める効果的な方法について、助言あるいは提案をしていただけませんか？私にとってそれはけっこう難しいことなのです。

ベリル：それについては、私たちの方があなたから少々助言をいただきたいですね！　さて、冗談抜きにお話しましょう。心がより軽くなれば生命力が高まり、思考過程が早まります。これが瞑想時に実際に起きることなのです。以前瞑想についてお話ししましたが、1970年代までそれは多くの人々にとって極めて有益でした。

しかし現在は、多分それに適用可能で異なる方法があるように思います。心を静める最善の方法は、あえてそのように努力しないことだと思います。

特にあなたの場合は、色によく共鳴する傾向があるので、特有の色を見つけることが必要です。個々の人間には自分に合う色調があるのです。あなたにも共鳴する色調があります。まず主たる色調があり、さらにそれと調和する色合いや、支援する他の色調があります。ひとつ前の過去世のあり方が、その人の今生における最も重要な色を決めるのです。

その理由をお話しましょう。夜静かな時にあなたが外出すると、時々頭の中で何かの音が聞こえるでしょう。とりわけ満月の時にそのような経験をしますが、それはあなたが自分にとって支配的な色調を音として聞いているのです。しっかりと耳を傾ければ、その音はあなたの内で聞くことができますし、特定の色と共鳴します。

それを見つける方法は簡単です。静かな場所を選び、色見本を手元に置いて目を閉じます。色見本を見てはいけません。なぜなら目があなたを惑わすからです。あなたの指が自由に動ける状態にしておいて、色見本を混ぜ合わせます。なぜなら、あなたの体と脳はとても賢くて、何度も何度もあなたをたぶらかそうとするからです。そして色見本の上を指でなぞっていき、これが自分の色だと感じたら、目を開けます。それがあなたにとって支配的な色調であると信じるのです。

その色を見つめると、それはあなたに静けさをもたらします。また、あなたが忙しい時も、それは落ち着きと穏やかさをもたらしてくれるのです。何も見えず何も聞こえないようになるために、あえて心を静める努力をする必要はありません。これは心の中の思考との交流を図る方法であり、とても有効です。

そして、一見無関係に思える質問から、色彩の活用があらためて論議されました。

質問者：あなたは以前、覚醒剤等の薬物やアルコールの子どもたちへの悪影響について述べられました。すでに薬物中毒になっている若者たちに対処する最も効果的な方法は何でしょうか？

ベリル：この問題には多くの変数が関係しているように思いますので、さまざまの段階からこの問題に取り組むことができます。その子どもの生活に関わり、何が間違っていたのかを見つける作業等々に参加することで、深く取り組むことが可能になります。

また「今考えているよりも、ずっとやさしく簡単な方法がある」ということをお伝えしたいと思います。刺激物による影響が身体を悩ませる、あるいは、体内で心理的変化を引き起こすような段階にまで達した時には、刺激物がすでに他の二つのレベルでその子ども自身を通して働きかけているのです。

以前私たちが「物事は霊の形態で始まってから次に心の形態に移り、最終的に肉体の形態で顕現する」とお話ししたことを覚えておられますか？薬物常習者の子どもを助ける最も簡単な方法は、その子どもの環境を完全に変えてしまうことです。他の方法でこの問題に対処するためには、必要な人材の数がまだ充分ではありません。また、助けを必要としている人々は、そのような専門家の助力を得ようとしません。何か危機的な状況が発生し、問題が認識されて初めて対策が取られるのです。

現在の人々は、弁護士を訪ねて「こんにちは。一般的な件についてあなたとお話ししたいのです」と言ったりはしません。訴訟を起こされたり、事故にあったりしない限り、そのような相談者を求めないのです。「今日はいい天気ですね。今日私は気分も体調も良好であることをお知らせするために、ちょっと立ち寄らせていただきました。今日頂いたお時間の代金として50ドルお払いします。どうもありがとうございました」と言うために、心理カウンセラーやソーシャル・ワーカーを訪ねたりしますか？危機的な状況にならない限り、あなた方は相談者を求めないのです。

というわけで私たちは、この問題に対処する方法の一つとして、環境を変えることを提案します。これは、薬物中毒の子どもたちの生活空間である家庭や学校・教室等における目的意識の変化を意味します。何気ない、わずかなことで充分なのです。

最も手っ取り早いのは、音楽や色彩を彼らの生活空間に加えることです。結果が出るまでに少し時間がかかりますが、確実な方法であり、効果が持続します。薬物中毒に苦しんでいる若者たちがいたら、青い色の環境を与えてやればよいのです。特に、紫外線寄りの短い波長の青色を彼らの生活に付加します。彼らの仕事場にこのような色があればより効果的です。

あなた方もご承知のように、現代音楽の大部分は混乱・崩壊しています。ロックと呼ばれている音楽は、強すぎて不快な振動であり害を及ぼします。この名前の音楽すべてが有害というわけではありませんが、ほとんどがそうなのです。

それは声や楽器音の共鳴効果を台無しにして、最も影響されやすい人々、とりわけすでに薬物中毒で苦しんでいる人たちの頭をおかしくしてしまいます。他の音楽、創造の高次の源からやってくるすべての音楽は薬物中毒の改善に有効です。

以上述べたように、二つの方法を実施すれば、素晴らしい癒しの手段を発動させたことになります。背景の音楽は辛うじて聞き取れる程度の音量で良いのです。

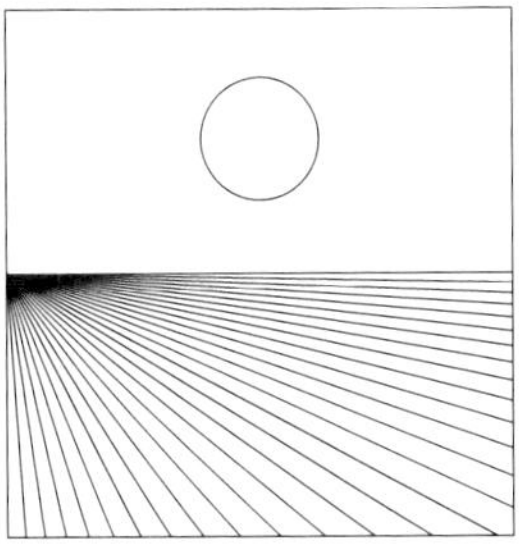

第❻章

輪廻転生とカルマ

【解説】輪廻転生の起源とカルマの解消

『人生への活用編』最終章のテーマは「輪廻転生とカルマ」です。これらの思想は古《いにしえ》の仏教が残した偉大な遺産の一つです。仏教の教えは日本人の心に深く根ざしているのですが、それでも「これらの概念はとっつきにくく理解し難い」と感じておられる方が多いようです。

ゴードン・マイケル・スキャリオン氏は、彼の導師の導きによって、自分の魂が退歩し堕落したときの過去生に真正面から向き合いました。これは彼にとって、心の煩悶を伴う極めてつらい経験でした。今から1万8000年前のその人生において、スキャリオン氏は、自分の霊的資質を誤用して自分の利益だけを求め、他の人々を冷酷無情に取り扱ってしまったのです。

この行為によって今日まで存続するカルマが創り出されました。そして、それを思い起こして償うために、彼は喘息《ぜんそく》という幼少時代からの持病を背負うことになったのです。スキャリオン氏は、導師から与えられたこの情報に驚愕しましたが、身体の全細胞を通してそれが真実であることを実感しました。その結果、耐え難いほどの良心の呵責《かしゃく》と自責の念に襲われて、塗炭の苦しみを味わう羽目になったのです。

スキャリオン氏の魂は、数多くの過去生において、このカルマに取り組んできました。「何としてでもこのカルマを今生で償いたい。どうすればそれが可能になるだろうか？」というスキャリオン氏の必死の思いに対して、左記の諭すような答えが導師から与えられました。

1　他の人々の助けになることで魂は修復される。
2　カルマに起因する苦しみを通して、魂のエネルギーが均衡を取り戻したこと——それを自分自身が自覚して、その行為に対して最終的に自分を許すならば、その苦しみから開放される。
3　これら全てを魂が悟ったとき、カルマの代償が支払われたことになる。

彼はこれを心の底から実感し、「本当にごめんなさい」と何度も何度も繰り返し、大声で叫びました。そして、ついに自分を許すことができたのです。その結果、スキャリオン氏のカルマは償われ、子供時代から続いていた喘息は癒されました。

さて、輪廻転生はいつどのように始まったのでしょうか？

神とは全知全能の存在であり、私たちの全ての世界の創造主です。エドガー・ケイシー氏は『宇宙の創造的エネルギー』という言い方をしています。太古の昔、神の個別的表現として人間が創造されました。これが原初の魂です。これらの魂は多次元宇宙の至る所に同時に存在しました。それは神の全知全能のパワー、無限の創造エネルギー、至高の美しさ、等々を、あらゆる振動レベルの全ての世界で表現し、顕現させるためです。

これが今から1800万年以上前に行われた『神の実験』なのです。その当時、原初の魂たちと同じ意識世界の、より初期の表現として、地球はすでに創造されていたのですが、その多次元同時存在性のゆえに、彼らは自分自身を人間の最初の意識として地球に投射することができました。

『神の実験』が始まってから数百万年が過ぎた頃、集合意識は、その過程において困難が生じたことに気付きました。地球上の生物種と混じり合って繁殖し続けた数多くの魂たちは、霊妙なエーテル力や重力の影響により三次元物質世界に取り込まれてしまったのです。多次元同時存在能力を失ったため、もはや自分の意志で自由に地球に出入りすることが不可能になったことが、彼らには分かりました。彼らの振動密度があまりにも濃くなったため、以前は自由に旅することができた他の意識世界とつながることができなくなったのです。

まさに地球に取り残されてしまい、他の振動世界にいる仲間たちから離れてしまったため、最終的にこれらの魂たちは、彼らのもともとの生まれや起源をすっかり忘れてしまいました。彼らは時空の孤島に置き去りとなり、繁殖を重ねながら地球上に存在し続けました。まさにこのとき、輪廻転生が始まったのです。

このような「輪廻転生の起源」については、本シリーズ『未知なる世界編』においても詳しく説明されています。まだお読みでない方は是非ともご一読下さい。


情報の後半には「戦争のような人為的災害や自然災害によって自分の意思と無関係に死に至った人々が、その後どのようになっているのか？」という問いに対する答えが含まれています。第二次世界大戦とアトランティス文明の崩壊は、人々の大量死を引き起こした典型的な具体例ですが、これらについての詳しい説明が為されました。

また、スキャリオン氏は広島・長崎への原爆投下にも言及しました。それによって数十万もの人々が一瞬にして後述されるボーダーランドと呼ばれる世界へ押し込められてしまいましたが、原爆の凄すさまじさはそれにとどまりませんでした。それによって三次元物質世界の地球とボーダーランドの間のエネルギー分布が変わり、それ以前には存在していなかったハイブリッド（２つの混成）が生まれたのです。まさにこれは驚くべき出来事です。

比較的最近に起こった同様のケースとしては東日本大震災が挙げられます。他界の準備をする余裕が全くない状況下で、数多くの人々がボーダーランドへの移行を余儀なくされました。

本章でのもうひとつの主題であるカルマに関しては、ジナ・サーミナラ博士※の名著『転生の秘密』の中で的確かつ簡潔に説明されていますので、以下に引用させていただきます。この本は、エドガー・ケイシー氏の残したライフ・リーディングを徹底的に研究した成果として1950年に出版されました（その改訂新訳がたま出版から出ています）。私は大学生の時に初めてこの本に出会いましたが、その時、この本の邦題は『窓はひらかる』でした。

カルマは罪と苦しみの因果関係を表す唯一のことばである。これはサンスクリット語であり、文字通りの意味は『行為』ということである。しかし哲学上の思想としては、あらゆる人間の行為を支配している因果律、または作用反作用を意味している。インドのブラフマン哲学の尊奉者であったエマーソンは、この概念を『償いの法則』と言っている。キリストが「人はその蒔《ま》いたとおりのものを刈りとる」と言ったのは、端的にこのことを意味していたのである。ニュートンの運動の第三法則――あらゆる作用はそれに等しい反作用を伴う――は、物理法則と同様、道徳律にも当てはまる。

ケイシーのライフ・リーディングは、人間の現在の苦しみや思い通りにならないことの原因を過去の特定の行為に帰着せしめ、カルマという抽象概念をより鮮明に身近に浮かび上がらせた点で魅力がある。これらの実例を徹底的に調査すると、そこには種々さまざまなカルマが示唆されている。その一つは『投げ矢のカルマ』とも呼ばれるべきもので、ブーメラン（オーストラリア先住民の用いた飛び道具）が、投げるとそれを投げた人のところに帰ってくるように、他人に向けられた有害な行為がそのまま自分にはね返ってくるというものである。（中略）肉体領域におけるカルマの第二の例は、『器官のカルマ』とも呼ばれるべきものである。ある人生である臓器を酷使すると、それに続く人生で同じ臓器からそれにふさわしい懲らしめを受ける結果になるのである。（中略）ケイシーのリーディングにしばしば見られる第三の肉体的カルマは、『象徴的カルマ』とも呼ばれるべきものである。これは、病気の持つカルマ的原因のうち、もっとも驚くべき、かつもっとも興味あるものである。（『転生の秘密』より）

この本は、肉体領域におけるカルマのみならず、他の全てのカルマについて詳しく解説しています。興味のある方は、是非ともお読みください。

ところで、スキャリオン氏が、子供時代からの持病である喘息によって長年苦しみを味わい続けたことを冒頭で述べましたが、このカルマは『投げ矢のカルマ』に相当すると思われます。

なぜならスキャリオン氏は、1万8000年前の過去生において、召使いクラスの混合生物を売買する商人として華々しい成功を収めていたのですが、利益を増やすために、これら生き物を可能な限りたくさん貨物倉に詰め込む、という冷酷な商行為を長年にわたって続けたからです。これにより数多くの半人半獣生物が窒息して命を失いました。これらの生き物たちに与えた「息ができない」という苦しみがそのままスキャリオン氏にはね返ってきて、同じ苦しみを味わう喘息という病気になったのです。しかし、最終的にこの病気は癒されました。

また、スキャリオン氏は、今回の記事の最後の部分で、イタリアの発明家、グリエルモ・マルコーニの人生に言及しています。彼は無線電信の発展と事業化への貢献が認められてノーベル物理学賞を授与されましたが、彼の業績はニコラ・テスラを含む他のさまざまな科学者や発明家の成果の上に成り立っています。テスラは、マルコーニにとって無線通信分野の好敵手であり、交流電流、ラジオやラジコン（無線トランスミッター）、蛍光灯、空中放電実験で有名なテスラ・コイルを含む多数の発明を成し遂げ、磁束密度の単位『テスラ』にその名を残しています。

残念ながらテスラは寂しい晩年を過ごしたようですが、マルコーニの晩年は輝かしいものでした。１９１４年、マルコーニは故国イタリアの元老院議員となり、イギリスではロイヤル・ヴィクトリア勲章（最高の Knight Grand Cross）を授与されました。さらに１９２４年、イタリア国王ヴィットーリオ・エマヌエーレ３世により侯爵に叙爵されたのです。

スキャリオン氏は、自分とマルコーニの人生のさまざまな類似点に鑑みて、自分が過去生においてマルコーニであったかもしれない、と述べています。スキャリオン氏の言い方は控えめですが、これが真実である可能性は極めて高いと思われます。

前置きが長くなってしまいました。それでは、スキャリオン氏による『輪廻転生とカルマ』をお楽しみください。

※ジナ・サーミナラ：ウィスコンシン大学で心理学を専攻、哲学博士。未来予見者であるエドガー・ケイシーの転生に関する著書などを執筆。

輪廻転生

私は、変性意識状態にあるとき、自分自身に尋ねる特定の質問を抱えて、未知の世界へ足を踏み入れることが時折あります。再三再四、心に浮かび上がってきて私の関心を引いたテーマは、カルマと輪廻転生です。これらはカトリック教会の公教要理教室で教えられた題目ではありませんし、実のところ、私が育てられたときに与えられたすべての宗教的な教えに反しているのですが、私は常にそれらに対して、何か心を惹ひきつけられるものを感じていました。

顧客の依頼に基づくリーディングにおいて、病気あるいは今生における著しい難儀・問題等の理由として、幾度となくカルマが取り上げられました。その中には、過去生において古代ローマの元老院議員やアトランティスの王であった、あるいは20世紀への変わり目の頃に有名な科学者であった、と私のソース（スキャリオン氏の高次の情報源）から告げられた顧客もいました。

もちろん私自身も、「自分が過去生においてどのような歴史上の人物だったのかを知りたい」という思いに駆られましたが、他の人々のためのリーディングをするのに忙しすぎて、自分自身の過去生を探求する時間がこれまで全く取れなかったのです。

しかし、めったにないような事態の急変が起き、それによって全てが変わりました。まさにそれは、輪廻転生の概念として私が理解していたものを１８０度変えてしまったのです。そしてその結果、今後永久に、私の信念体系および宇宙観の一部となる輪廻転生の新たな概念が構築されました。

過去世の夢

あの特別な日の朝、私は心と癒しについて考え込んでいました。常日頃の私たちの思考が健康状態にどれだけ影響するのかを知りたかったのです。私の夢の導師たちは、絶えず心の持つパワーについて語っていました。私たちの思考によって、私たちがどのようになるのか？たとえそれが過去・現在・あるいは予想される未来であったとしても――。

これが一体、何を意味するのか私には全く分からなかったものの、導師たちは「そのときが来れば明確になる」とたびたび私に言っていましたので、私も「いつかはそれが現実のものになる」と確信していたのです。しかしながら、今日がその日だとは思っていませんでした。

昼食のあと、しばしば私は猫のようにうたた寝をします。ほんの数分間だけですが、これが私を活性化してくれるようなのです。おそらく、毎日の仕事時間が10～12時間で非常に長いことがその理由でしょう。これには夢見の際に行われる夜間授業は含まれていません。

あの日、このような昼寝のために目を閉じたところ、知らぬ間に眠ってしまい、いつの間にか戸外の寒い天気のことを考えていることに気づきました。冬のニューイングランドはその日大雪が降っており、外の気温は氷点下7度ぐらいでした。私の慢性喘息の発作が出るのは、大体このような気候のときなのです。

この喘息は子供時代から断続的にずっと私を苦しめてきました。この厄介な病気は、はたして治り得るものなのだろうか？　――眠りに落ちる直前、これを意識して考えていたことを覚えています。

次に私が覚えていることは、明晰夢《めいせきむ》の状態になったことです。私は完全に覚醒状態で、身体の感覚はすべて目覚めていたのですが、もはや私は居間の長椅子には座っていませんでした。突然、岸に打ちつける波の音が聞こえ、潮の匂いや顔に当たる暖かい風を感じたのです。目を開けると、自分が家の外にいて、海を眺めていることに気付きました。

私は向きを変えました。すると、この夢の世界の見晴らしのきく地点に私がいて、そこから大きな都市に囲まれた海港を見下ろしていることが分かりました。円形をした入江から運河が外海に伸びていて、陸地を鍵穴形状に切り取っています。港自身は、大きな石の塊から成る巨大な人工の護岸に囲まれていました。その壁の幅は最上部で30メートル、高さは下部に打ち寄せる波のためはっきりとは分かりません。この大規模な壁が幅１６００メートルほどの港を取り囲んでいて、船を埠頭《ふとう》につけるための場所を提供しています。

私がこれまで見たことのないような奇妙な外見をした船が、湾のあらゆる場所に停泊しています。また遠方を見ると、運河から外海に出ていく船や、外海から運河に入ってくる船が見えます。埠頭から運河の出入り口まではおそらく5キロメートルくらいの距離でしょう。

周りからたくさんの話し声が聞こえてきましたが、それらは私には認識できない外国語でした。この船がどのようにして推進力を得ているのか――これは全くの謎でした。帆も原動機も使われていないことが明らかだったからです。まさにゆっくりと音を立てずに、船が港を出入りしていました。

そのとき、私の視座が変わり、自分が港に停泊している一隻の船の上で空中停止していることが分かりました。私は空を飛ぶことができたのです。この船の長さは推定30メートル。その巨大な船首は女性の頭部に似通った形に仕上げられており、髪は星のリースで飾られていました。甲板上には数多くの男たちがいて、全員が銅色の皮膚をしていました。彼らの何人かは手にムチと鎖を持っていて、船の貨物倉の中を見ながら大声で何かを叫んでいました。

そこに近寄ろうと意図したところ、「この夢の世界では思考を行きたい所に向けることにより自分の動きをコントロールできる」ということに気付きました。主甲板の近くで空中浮揚していると、貨物倉の中がはっきり見えました。数百人の若い男女がそこに詰め込まれていて、あまりにもぎゅうぎゅう詰めだったため、ほとんど動けない状態だったのです。それは家畜を入れる囲いを思い起こさせるような光景でした。

それを見続けていたところ、何かが動くのを見たような気がしました。それは尻尾のひょいひょいした動きのようで、明らかに人間のものではなかったのです。さらに近寄ったところ、私は自分の見たものがとても信じられませんでした。どうやら、貨物倉に押し込まれていた人々の中には、これまで一度も見たことがないような生き物を含む、あらゆる種類の動物たちがいるようでした。

さらに近寄ると、ひどい悪臭がしたのですが、そのとき衝撃的な事実に気付きました。貨物倉に溢《あふ》れんばかりに詰め込まれていたのは、動物でもなく人間でもない半人半獣の生き物だったのです。あるものには長い尻尾が付いていましたが、それ以外は人間の体でした。また、全身がうろこや毛皮で覆われていた生き物もいましたが、それら全てには2本の腕と2本の足がありました。

そのとき、私をぎょっとさせるような大声が響き渡りました。言葉は分からなかったものの、私は一瞬自分が怒鳴られているのかと思いました。声の主がこの船の船長であることは明らかでした。彼の命令に基づいて、生き物たちは一体ずつ暗い船倉から引き出され、足と首に鎖を付けられました。その後、彼らはドック設備のある場所に引っ張っていかれました。そこには50本ほどの柱が立っていて、その先端には生き物たちの鎖を留めるための大きな輪が付いていていました。

最後の半人半獣生物が引き出されて貨物倉が静かになった後、乗組員の一人が深くかがみ込んで船倉の中を覗き込み、生き物が取り残されていないかどうかを調べました。私も意図して彼の後ろ側に回り込み、貨物倉の中がはっきりと見えるような視座を確保するため、さらに彼の頭の上に移動しました。

しかし、そこにあるものを見たとたん、私は胸が悪くなるような恐怖感に襲われました。貨物倉の最奥部の暗がりの中に見えたものは、動かずに横たわっている数十体の生き物でした。彼らの顔はまさに人間のそれでしたが、目を見開き、口を開いたままで、あまりの恐怖に凍りついたような表情をしていました。彼らが全員死んでいることは明らかでした。

耐えられないほどの自責の念に駆られ、私は目を閉じました。すると衝撃が走り、突如自分が居間に戻っていることが分かりました。目を見開いて周りを見渡しながら考えました。一体全体、何が起きたのか？　自分は一体どこにいたのだろうか？　頭はズキズキして目はかすんでいました。まるで20階建てのビルの屋上から落下したかのようだったのです。そのとき、頭の中で次のような声が聞こえました。

導師：偉大なことを達成した過去生を探すこともできますが、あなたが今生において、より深く焦点を当てるべき過去生は、あなたの魂が退歩し堕落したときなのです。

頭の中で私は次のように応じました。

スキャリオン：たった今、私が経験したヴィジョンは、一体私とどんな関係にあるのですか？

即刻答えが返ってきました。

導師：あなたは内なる世界の旅をして、おおよそ1万8000年前の時代、かつてあなたが住んでいた場所に戻ったのです。その地において、あなたは『乙女の星』と命名された船の船長であり、その船は、当時アトランティスとして知られていた大いなる国の港湾都市『アルタ・ヌン』を母港としていました。召使いクラスの混合生物を売買する商人として、あなたは華々しい成功を収めていました。

混合生物というのは人間と動物双方の特質を併せ持った存在であり、具体的に言うと、人間の外形に尻尾・毛皮・うろこ・角等の特徴が付加されていたのです。また、中には植物的痕跡を示す生物もいました。というのは、何百万年も前に地球にやってきた原初の魂たちによって、大自然との遺伝子実験が行われ、その結果としてこのような生物たちが創生されたのですが、あの時代、依然として彼らは地球上に存在していたからです。

原初の霊的な創造の火花はまだ魂の内奥に残っていたものの、これらの生物たちは荷役用の動物と見なされていました。中には言語能力を持ったものもおり、彼らは農業労働者というよりも家事従事者として一層有用とみなされていました。

当時のあなたの名前はブ・テ・ナムであり、あなたが見た船『乙女の星』の船長でした。夢の中であなたは、実際の過去生の出来事——あなたの人生——を目撃しました。つまり、20世紀に生きているあなたが、1万8000年前のあなたと遭遇するために時を超えて旅したのです。単に過去生を思い出すだけでなく、あなたは実際この夢の中でタイムトラベルをしました。これは「同時存在の異なる現実世界」における経験です。

導師の話に完全に打ちのめされてしまいましたが、それにもかかわらず、彼らが私に言わねばならなかったことに引き続き耳を傾けました。導師の話は続きました。

導師：ブ・テ・ナムとしてのこの人生以降、あなたの魂の成長は損なわれ、今日まで存続するカルマが創り出されたのです。神の創造物であるこれらの生き物は、あなたや当時のほとんどの人々にとって畜牛以下の存在でした。利益を増やすために、可能な限り数多く貨物倉に詰め込んだのです。長年にわたるあなたのこの行為により、数多くの半人半獣生物が窒息して命を失いました。

今生において、あなたの妨げとなるカルマがこれによってもたらされ、生まれたときからあなたの健康状態に悪影響を及ぼしてきたのです。

導師が何に言及しているのか、私にはすぐにわかりました。それは私の持病である喘息です。

導師：あの人生において、あなたが半人半獣たちにもたらした窒息——それが過去生のみならず今生においてもあなた自身に返って来たのです。

あなたにとって喘息は、真にあなたの魂の病気なのです。それはあなたの肺を冒し、呼吸するたびに、あなたが他の人々にもたらした苦しみを思い起こさせます。あなた自身の霊的資質を誤用し、他の人々を冷酷無情に取り扱ったこと——それが今生あなたの直面しているカルマなのです。

思わず私は崩れ落ち、こらえ切れずにすすり泣きました。はたして私にそんなことが為し得たのだろうか？私は誰もどんなものも傷つけないように、とても注意しているのに……。我が家に侵入した蜘蛛や蜂等に対してさえも、労をいとわず、私はそれらが傷つかないようにそっと家の外に出してやっています。

ブ・テ・ナムの人生はあまりにも私からかけ離れているので、それが私の一部、あるいは私自身であり得たとは到底信じられないのです。導師の話はさらに続きました。

導師：あなたの魂は数多くの人生において、このカルマに取り組んできました。それがあなたに死をもたらしたのは１７４５年が最後であり、そのときはヴァージニア州で肺病によって死に至りました。

そのとき、あなたは『このカルマから免れる唯一の方法は、このような死に結果した他の人生と同様の宿命を受け入れて毎日それに苦しむことであり、考えること・為すことの重要性を完全に理解するために、徐々に自分の意識を向き直して、他の人々を助けるように最大限努めることである』と気付いたのです。

不可解で奇妙に思われるかもしれませんが、導師に言われたことの全てを私は充分すぎるぐらいによく理解しました。それが真実であることを、身体のあらゆる細胞が感じたのです。

私は煩悶《はんもん》しました。あのひどい人生の誤りを正すことができるように、さらにどれほど多くの未来生を、このような苦しみに耐え抜いて生きねばならないのだろうか？この思いに応えるように、導師はさらに話を続けました。

導師：すでに述べたように、あなたの魂が最初に為すべきことは、苦しみを味わうことでした。それが他の人々を助けるためであることに、すでにあなたの魂は気付いています。他の人々の助けになることで、あなたの魂は修復されるのです。

スキャリオン：他にどんなことが私にできるでしょうか？

導師：すべてのカルマについて言えるのですが、長きに渡る苦しみを通して魂のエネルギーが均衡を取り戻したことを自分自身が自覚し、その行為に対して最終的に自分を許すならば、その苦しみは終わります。この全てを魂が真に実感したとき、カルマの代償が支払われたことになるのです。

導師の話の間中ずっと、私は良心の呵責および自責の念を感じていました。

「本当にごめんなさい！」私は何度も何度も繰り返し大声で叫びました。すると突如、私は長椅子から激しく投げ出されたのです。私の身体は宙を飛んで暖炉の壁にぶつかり、その前に落ちました。頭がズキズキしたので立ち上がると、血がしたたって顔に流れ落ちてくるのを感じました。部屋の鏡を見ると、額が切れていました。

家の外は大雪でした。玄関のドアを開けると、冷気がどっと入ってきました。私は数歩外に出て空を見上げました。降ってくる冷たい雪が顔に当たり、私を生き返らせてくれるように感じました。玄関の手すりから雪をすくい取って頭に当てると、高ぶっていた神経が静まり、頭のズキズキも収まりました。

心の動揺は依然として続いていましたが、家の中に戻って長椅子に腰を下ろしました。そのとき初めて、咳をしていないのに気付いたのです。このような寒い季節に外に出ると、たとえそれがわずか数分であっても、決まって私は咳き込んでいたのですが……。何か顔を覆うものを付けずに外に出ると、即座に喘息の発作が始まって、短くても15分、長い時は数時間それが続くのです。

しかし、今は全く何も起きていません。私のカルマは解消したのでしょうか？導師が言ったように、私は本当に自分を許したのでしょうか？時間がたてば、自ずと答えは分かるのですが……。

前述の経験から10年以上がたちましたが、子供時代から続いていた喘息はその後再発していません。今でもなお、『乙女の星』の貨物倉の中に横たわっていたあの可哀想な生き物の記憶が時折蘇みがえって、私を悲しみのどん底に突き落とします。ある日のこと、私のソースが、私のこのような感情に言及して、次のように言いました。

「ひとたび真剣にカルマに取り組めば、それを動かすエネルギーが中性化して調和します。カルマが忘れ去られるわけではありません。なぜなら魂は、その完成への旅における全ての経験を活用して、再び創造主と一つになろうと努めるからです」。

言い換えると、私のソースは「このカルマの記憶は個々の人生経験を通じて永久に残るけれども、もはやそれは否定的なものではない」と言っているのです。最悪の誤りでさえも受容、そして、最終的には許しによって常にいつでも変換することができ、方向を変えて善の方へ進ませることが可能なのです。

そして、過去に互いに傷つけ合った場合でさえも、魂はそれ自身の学びと経験によって、互いが助け合えるような強さを獲得することができます。それは、私が子供時代に受けたカソリックの教えに基づく教訓を思い起こさせます。結局のところ、私たちは自分たちの兄弟姉妹の守り手なのです。

南北戦争に関わる転生

アトランティス時代の過去生に起因するカルマを経験したあと、この分野に積極的に足を踏み入れることはほとんどありませんでした。しかし、これに関する私の望みとはかかわりなく、同様な出来事が、私への教訓の一環となるべく私を待ち構えていたのです。

私が一連の自然発生的なヴィジョンを見始めたのは春の頃でした。ある日の午後、私が事務所を兼ねたスタジオで仕事をしていたとき、その最初のものが始まりました。私のデスクのそばの窓からは、我が家の裏庭を眺めることができました。時折、私は仕事の手を休めて数分間窓の外を眺め、精神面の休憩を取りつつ、そよ風になびく草木が醸し出す静穏さを味わいます。

ジェミソン少年

ほかならぬあの日、私はワープロを使って仕事をしていましたが、そのときかすかな声が聞こえました。疑いなくそれは、10～12歳の子供の声でした。私がこのような声を聞くのは珍しいことではありません。なぜなら、我が家の通りに沿って子供たちが住んでいるからです。

最初は気に留めませんでしたが、その声は次第に大きくなっていきました。そして、それは通りの方向からではなく、裏庭から聞こえてくるように思えたのです。そこで私は振り向いて窓の外を見ました。しかし、そこには誰もいませんでしたし、声も即座に止みました。それ以後、その日はいつも通りに過ぎました。

一週間後、私は再びワープロに向かっていましたが、再度あの声がしたのです。窓の外を見ると、裏庭に少年が立っていました。多分14～15歳ぐらいで、灰色の上着と灰色のズボンを身につけていました。ほんの一瞬だけコンピューターの画面を見てから再度裏庭に目を向けたのですが、不思議なことに、彼の姿は消えていました。

そして、そのまま仕事を続けて15分ぐらいたったとき、あらためて声がしたのです。何を言っているのかは分かりませんでしたが、振り向くと窓の外に少年の姿がちらりと見えました。そのとき彼は帽子を被っていて、南北戦争時の制服と思われる衣服に身を固めていました。私はその少年が誰なのかを見たいと思い、デスクから立ち上がって裏口の方に行きました。しかし、私が外に出たとき、裏庭には誰もいなかったのです。道路を上り下りして家の周りを探索してから、私はスタジオに戻りました。

さらに一週間がたったとき、再び例の声が聞こえました。裏庭を見たところ、あの少年と一緒に少女が一人立っていました。彼女はフリルの付いたドレスと、幅広のゆったりしたスカートを身につけていました。髪は編まれていて、昔からのやり方で引き上げられていました。歳は12~13歳ぐらいでしょう。明らかに彼らは二人とも、窓を通して私を見ていたのです。そのとき少女が私を指さしたので、私は飛び上がってスタジオの出口に駆け寄り、急いでドアを開けました。しかし、そこに彼らの姿はありませんでした。

それ以上、この件については何も考えませんでしたが、その一週間後、彼らは再度姿を見せたのです。今回は前もって決めたとおりピタッと動きを止め、頭の中で尋ねました。

「あなたたちは誰ですか?」

即刻少女が言いました。

「彼は私たちの声を聞いたわ!きっと私たちの声が聞こえたのね!」

「確かにそうだね」と少年が応えました。

少女がもう一人現れました。そして、さらにもう一人。二人とも同じ幅広のゆったりしたスカートを履いていましたが、一人は赤十字のマークの入ったエプロンを着けていました。彼らはどこからともなく現れました。

最初は草しか見えませんでしたが、次の瞬間、そこに若者たちが立っていたのです。彼らは実在する人間のように見えました。十代の少年がもう一人現れましたが、彼は青い制服と帽子を身につけており、明らかに他の時代と場所から来たようです。


次の15分間に若者たちの人数は12人になりました。彼らは互いに手をつなぎ、円陣を作って立っていました。じっと彼らを見つめながら、私は頭の中で「私が聴いた声は何なのですか？」と質問しました。すると、あの少年が明瞭な声で答えました。

「あれは、あなたに聴いてほしいと願う私たちの祈りだったのです」。

「私に何をしてほしいのですか？」と尋ねると「ここには私たちのような者が非常にたくさんいます。南に下って『荒地』に来ていただきたいのです」という声が聴こえ、それを最後にヴィジョンは消えました。私は椅子に深く腰掛けて、これは一体何だったのだろうか、と思いましたが、それについての手掛かりは何もありませんでした。次の数週間は、さらなる出来事に中断されることなくオフィスで仕事を続けることができました。


季節が夏に移ると、私は夜、南北戦争の夢を見始めました。それらはとても鮮やかで、夢にありがちな食い違いや矛盾が一切含まれていませんでした。それらは本当に現実・実際の出来事のように思われたのです。

特定の光景が一つ何度も繰り返し現れました。一人の若い兵士が、あたかも炸裂《さくれつ》する大砲の弾に向かって突進するかのように、勢いよく丘を駆け上って行くのが見えたのです。このヴィジョンが私の夢の中で数十回も繰り返されました。直感的に私は、この若い兵士が過去生における自分であることに気付きました。

これらの戦争の夢は、いつも墓地の光景に取って代わられました。そして、これらの夢の一つにおいて、私の導師が「あなたは荒地に行く必要があります。墓地を訪ねなさい」と言いました。

「どの墓地ですか?」と尋ねると、「南軍・北軍双方の兵士が埋葬されている所です」という答えが返ってきました。それでもってその夢は終わったのです。

数週間が過ぎても、私を訪ねてきた南北戦争従軍兵士のヴィジョンは、私の意識に深く埋め込まれたままでした。これについてシンシアと話したところ、導師が言及した墓地で何が起きるのかを見極めるために南部へ行くべきだ、ということで二人の意見が一致しました。計画は何も立てませんでしたが、そこに行くべきである、ということは分かっていたのです。

事前の調査なしにただ車に乗り込み、南に向かって走りました。ヴァージニア州に入ると、ある特定の出口で高速道路を下りてしまったことが、突如分かりました。そのましばらく走ったあと、シンシアが言いました。

「私たちにとって重要かもしれない道路標識を通り過ぎてしまったように思います。戻ってその標識を見てみましょう」。

それは道路脇に立っている茶色と白の小さな標識で、特に何の変哲もないように思われましたが、とにかく戻ることにしました。私たちは車の向きを変えて走り始めました。すると、脇道へ入って間もなく、そこが『荒地の戦い』の行われた歴史的な場所であることが分かったのです。

数時間をそこで過ごし、ガイド付きのツアーにも参加してからそこを離れました。私たちは二人とも非常に厳粛で内省的な気持ちになっていて、その戦場跡で起きたことについてあれこれ考えていました。その場所で大規模な戦闘があり、一日だけで数千人の若い人々が命を落としたのです。

私たちはともに学校でそれにまつわる話を聞いてきましたし、映画でも見ました。しかし、それらはその戦闘が実際に行われた場所で受ける印象とは全くかけ離れたものだったのです。

車がそこを離れてからは、直感に従って走り続けました。すると、ほどなくして別の南北戦争ゆかりの地である「フレデリックスバーグ国立墓地」に着きました。

その丘ではすでに日が傾き始めていましたが、どのような墓地であるのかは確認できました。まさにそれは、私が夢の中で見たものと同じだったのです。小さな観光案内の建物があり、その窓口にいた担当者が私たちに言いました。

「墓地に入りたいですか？ ガイド付きツアーはもうありませんが、自分たちだけで散策することはまだできますよ」。

「どんな人たちがここに眠っているのですか？」と聞くと、「南軍・北軍双方の兵士たちです。血まみれの戦闘のあと、ここに埋葬されました」という答えでした。

ほとんど閉園時刻の間際でしたが、車を駐車場に停め、最も近い入口を通って墓地に入りました。シンシアは墓地の一番奥に引き寄せられていきましたが、私は大きな墓標のある所に向かって真っすぐ歩いて行きました。そこは、私たちの車が最初に入った墓所敷地内の場所のすぐそばでした。そこに行くことが必要であると直感的に分かったからです。

墓標の隣にある石のベンチに腰を下ろして、目を閉じました。そして、「私がなぜこの墓地のヴィジョンを経験したのか？ ここに来たからには何かをすることが必要なはずだが、それは一体何なのか？」――これらの問いに対する答えが得られることを願いつつ、瞑想し祈りました。誰かがそばにいることに気づき、瞑想を止めて顔を上げたところ、それは、自宅の裏庭で見たあの少年でした。

「わざわざ来てくださり、本当にありがとうございます。私は陸軍兵卒のジェミソンです」。

彼は名前を言いながら軽く敬礼し、じっと立っていました。「休め」の姿勢ではありましたが、彼には兵士特有のピリピリした雰囲気がありました。そして、そのうちに、他の兵士たちの姿も彼の周りに見え始めたのです。

ジェミソン少年は続けて「私たちの要請に応じて来てくださったことをうれしく思います」と言いました。

突如、墓地のこの場所全体が人影で埋め尽くされているのに気付きました。そこには北軍・南軍双方の兵士がいました。彼らは皆一緒に腰を下ろしていましたが、その集団には、12〜17歳ぐらいの少女たちも含まれていたのです。つまり、南軍と北軍、男性と女性がすべて入り混じっていました。あたかも「戦争なんてこれまで一度も起きていないから、どちらか一方の側につくことなどどうでもいい」、とでも言いたげな様子でした。ジェミソン少年がさらに言いました。

「私たちの見るところ、ボーダーランド※には大きな変化が起きており、地球の変動が近づいているようなのです。他の意識レベルに移行するまで、私たちはここに留まらねばなりません。しかし、私たちは心配しています。なぜなら、地球が数年以内に爆発して、私たちが現在留まっているこの戦場跡が失われ、その後、数千年の間、地下に埋まってしまうと思われるからです」。

「どうすれば、あなた方を助けられますか？」と聞くと、彼は答えました。

「私たちがこれから為すべきことを理解できるように、三次元物質世界を超えて存在している他の意識レベルについて、ご存じのことを話してください。そして、私たちが目指すべきレベルについて説明してください」。

私は腰を下ろしました。そして、若者の懇願に応えるべく、全力を尽くして以下の内容を説明しました。

① 私の理解している意識レベル
② 死による他の世界への移行
③ 互い違いに並んでいる振動レベルから宇宙が構成されていること
④ それらを通って他の意識世界へ移行すること
⑤ 転生がそれを促進するための手段であり、私たちはそれに従うように生まれついてい

ること
⑥人間の魂がこれらの振動レベルでの経験に基づいて学んでいくこと
⑦常にいつも完成を求め、より高い霊性のレベルを希求していること
⑧さらなる教訓を得るため、時折地球への帰還を選択すること
⑨より高い振動レベルに進むためには、魂の平安が必要であること
⑩私たちを導いてくれる大いなる力や存在についての知識・認識が必要であり、私たち全てはその一部であること

私の話が終わると、彼らの何人かが、あたかも別れを告げるかのように私に向かって手を振っているのが見えました。彼らはゆっくりと消えて行きました。そして、次の10～15分間にさらに数多くの若者たちの姿が消失しました。私の最も近くに立っていたジェミソン少年が言いました。

「もっともっとたくさんの若者たちが、このことを知らねばなりません。ここに囚われている私たちの仲間は数十万人もいるのです。私たちはあまりにも若くして死んだので、ほんの限られた知識しか持っていませんでした。死後世界への移行の準備をする間もなく、突如として死を迎えてしまったのです。

ここにいる者の多くはショック状態にあり、彼ら自身や、彼らの兄弟・友人・恋人たち

の命を奪った戦いを、今もなお繰り返しています。この戦争において私たちは、自分たち自身の選択をする時間がない状態で、無理やりどちらかの側につかされました。しかし、あなたが話してくださったことで、今日多くの若者たちが救われました。あなたからの情報は他の墓地の仲間にもきっと届くでしょう」。

その言葉を最後に、彼は後ろに下がりました。そして、「気を付け」の姿勢を取ってからきちんと敬礼し、ゆっくりと消えていきました。それに続いて、私の周りに残っていた若者たちも、一人また一人と姿が薄れていきました。

気が付くとすでに夕暮れ時で、あたりは薄暗くなっていました。墓地の別の場所で祈りと瞑想をしていたシンシアと合流し、互いの経験内容について話し合いました。すると、それは驚くほど似ていたのです。

暗くなった敷地内を出口まで歩いて行ったところ、幸いなことにまだ閉まっていませんでしたので、何とか駐車場まで戻ることができました。つい先ほどの出来事の不可思議さにもかかわらず、私たち二人の心は穏やかで安らぎに満ちていました。

その後、私たちは『荒地の戦い』の歴史に関し、いくつかの記事を読みました。ヴァージニア州、フレデリックスバーグにおける戦闘は、１８６４年の5月5日から7日にかけて行われました。それはグラント将軍の陸上での軍事作戦の一環であり、戦術の面では引き分けと考えられています。

この戦闘に参加した北軍兵士の数は10万2000人弱、推定犠牲者数は1万8000人であり、南軍兵士の数は6万1000人、推定犠牲者数は1万1400人でした。この戦いの戦死者は、「フレデリックスバーグ国立墓地」および「フレデリックスバーグ南軍墓地」に埋葬されています。

※ボーダーランド：地球の時空連続体の一部であり、他界後人間が高次の世界へ移行する前に通り抜ける世界。

ボーダーランドにいる魂たちの助け

帰宅後私たちは、南北戦争従事者との体験についてまだ十分解明されていない点がたくさん残っていることに気付きました。そこで私は、これらの疑問に答えるのに役立つ直感的洞察を得るために、変性意識状態でのセッションを行うことにしたのです。

シンシアと私は一緒に腰を下ろし、その実施のための所定の手順を開始しました。まず、私の潜在意識と高次意識の間を繋げるのに7～10分かかります。閉じた目の裏側(心の中)に見慣れた渦巻き状の光が生じると、それが、連結が為されたことを示す合図になるのです。

シンシアは、このセッションのための質問表を前もって用意してくれました。このセッションから得られる情報に私個人の知識が入り込まないことを保障するため、私はその質問表を事前に見ないことになっています。このセッション中、私の意識は明晰状態にあるのですが、それと同時に、直感的に情報を得ることが可能なのです。

これは変性意識状態における私のソース（高次の情報源）との対話ではなく、私の心が完全に解放された変性意識状態におけるセッションです。このようなときは、私の高次意識に存在する大いなる知識の源泉に繋がることができるのです。このセッションは次のように行われました。

シンシア・キース（以下キース）：南北戦争に従軍した若者たちは、どんな種類の助けをあなたから必要としたのですか？

ゴードン・マイケル・スキャリオン（以下スキャリオン）：膨大な数の命がわずか数時間の間に失われると、魂の肉体からの解放が驚くべき規模で生じます。しかし、多くの場合、彼らを助ける天使や導き手が十分ではありません。あの若者たちには、死後生命が存続するという希望を与えるものが必要なのです。

彼らは死の間際まで従事していた戦争を再現するという泥沼に嵌《はま》り込んでいます。私の説明に基づいて、彼らは「死後通り抜けるボーダーランドにおいても、三次元物質世界と同様に変化・変動を経験する」ということを新たに認識しました。

このような理解が得られれば、ちょうどそれはドアを開けるようなもので、それにより天使や高次世界の実体がボーダーランドに入って来られるようになります。たとえそのような新たな認識を得た若者たちがわずか数人であっても、きっと彼らが他の多くの人々のための代弁者になってくれると確信しています。

同様な状況にあるのは南北戦争の戦場跡だけではありません。数千もの魂――ある場合には数万、あるいは数十万の魂――が、三次元物質世界と高次の意識世界の間のボーダーランドに囚われており、彼らを助ける天使や導き手を必要としているのです。

キース：それは私の用意した質問の一つです。戦争が起きて膨大な数の生命が失われた所は他にもあります。それらの場所でも莫大な数の魂が囚われの状態になっているのでしょうか？

スキャリオン：南北戦争時よりもさらに多くの命が失われたのは近世ではありません。20世紀において極めて大量の命が失われた時期はありますが、それよりも一層数多くの死者が出たのは今から1万年以上前なのです。これら両方の場合についてお話ししましょう。

第二次世界大戦の終わり頃、広島・長崎の上空で原子爆弾が炸裂し、多数の一般市民が犠牲になりました。突如として起きた想像を絶する破壊により、数十万もの人々が何の前触れもなく一瞬にしてボーダーランドに押し込まれたのです。

そして、それと同時に新たな出来事が起きました。原爆により、三次元物質世界の地球とボーダーランドの間のエネルギー分布が変わり、それ以前には存在していなかったハイブリッド（2つの混成）が生まれたのです。それは全く新しい意識レベルで、ボーダーランドが本来持っているはずの機構・仕組みもありませんし、天使等の導き手もいません。それゆえ、時空連続体のその場所にいる人たちは、より高い意識レベルにいる実体たちと繋がる道を新たに構築しなければなりませんでした。この仕事は現在進行中ですが、まだ完成からは程遠い状況です。

１万年前の過去に遡《さかのぼ》ると、地球物理面の大変動が生じたために、わずか24時間以内に大規模な陸地の海没が起きて膨大な数の命が失われました。犠牲者の数はアトランティスだけでも数億人以上に上りました。大激変の生存者は生き延びることしか考えていなかったためです。つまり彼らの意識や考えは、正真正銘、生き残ることだけに集中されていました。現時点でさえも、まさに数百万もの魂がボーダーランドに囚われたままなのです。

変性意識状態で超古代のこのような場所を訪ねたとき、大激変に関するさまざまのヴィジョンが現れ、そのときの人々の様相を私に見せてくれました。彼らの視点では１万年という時間はたっておらず、今でもあの大変動を追体験しています。まさに、彼らの意識はそこに囚われたままなのです。

南北戦争、第二次世界大戦、アトランティスの沈没――これらのどの場合でも、一定の割合の人々がボーダーランドに閉じ込められています。

キース：あなたが以前、『ボーダーランドの危機』として言及されたヴィジョンを経験した時の話によると、「そこに囚われている魂は、より高次の意識レベルの実体に助けられている」ということでした。

しかし、あなたが手助けしている今回の場合は、振動レベルが低いほうの階層からの援助のように思われます。これは稀《まれ》な出来事なのでしょうか？

スキャリオン：目下のところ、援助者の人数は、高次の意識世界と三次元物質世界の間でちょうど均衡が取れているように見えます。つまり、両方のレベルで、ほぼ同じ数の実体が極めて集中的にこのような働きをしているのです。

輪廻転生によって何度も何度も地球における人生を経験し、より振動の高い階層に移行している人々は、創造の力の源により近くなっています。言い換えれば、そのような人々は、忍耐・思いやり・慈悲・苦しみ・悩み等、この地球学校が教える全ての物事を学び終えていますので、当然のことながら、次に彼らは他の人々を助ける段階に進むのです。彼らにはいくつかの異なった名前（天使・導き手等）があります。文化が異なれば彼らに対する見方も違ってくるのですが、共通点は「助けの手を差し伸べてくれる霊的実体が存在する」という認識です。

さて、それに関連するのですが、多くの場合、そのような援助は肉体を持った存在から為されます。しかしながら、現在私たちは、沈思黙考や瞑想・祈りに十分な時間を割いていません。そのため、天使等の霊的存在が私たちの肉体を通して援助することが難しくなっているのです。

そこで、さまざまな意識レベルでの経験に基づいて大いなる進化を遂げた実体の多くが、教師や導師として働くために地球に戻ってきています。目下のところ、三次元物質世界の地球には、そのような教師・導師がこれまでで最もたくさん集結していて、多くの異なる分野・領域で影響力を行使しています。このような人々の活動は宗教やスピリチュアル分野に限られていません。彼らはテレビや子供向けの本、あるいはインターネットさえも通じて働いているのです。

キース：ゴードン、フレデリックスバーグ国立墓地であなたから話を聞いた若者たちは、姿が見えなくなった後、どのようになったのでしょうか？

スキャリオン：彼らは三次元物質世界を離れて、より振動レベルの高い世界へ向かったものと思います。

その旅の終点で導師たちが彼らに会うことになっています。その出会いがどのようにして起きるのか、そして、その後さらにどのように進んでいくのか――若者たちは、私との対話に基づいてこれらの点を理解しました。

キース：ということは、あなたは彼らの助けになったのですね。同様な援助は、他の人々にも可能だと思いますか？

スキャリオン：現在、多くの人々がこのような手助けをしていると思います。彼らのほとんどは思考過程を通じてひそかにそれを行っています。他界した友のために祈るだけでも十分プラスになります。

それにより、あなた自身の本質から生命力のひらめきを分け与えたことになるのです。ですから、祈り、建設的な思考、思いやり、慈悲、愛、霊性面の気付き――これらがボーダーランドにいる魂たちの助けになるのです。

戦争の無益・虚しさ

シンシアとの上記のセッションが終わった時点で、私は変性意識状態から離れる用意ができていました。いつもと同じであれば、光の渦が消えていくのが見えて、ゆっくりと通常の意識状態に戻ります。しかし、そのときは違いました。光がさらに色鮮やかになり、その螺旋《らせん》の運動がより速くなったのです。

そして、気が付くと私は別の場所にいて、南北戦争の戦闘を見下ろしていました。それは私がアトランティスにタイムトラベルしたときと似ていました。なぜなら、それは突然現れた非常に生々しいヴィジョンであり、疑いもなく私は観察者の役割をすることになっていたからです。

南軍・北軍両陣営において、兵士たちが互いに呼び合っている声が聞こえました。それはまるで、両軍の交戦しているその最前線に私が位置しているかのようでした。大砲が発する轟《ごう》音は、それまで聞いたことがないほど強烈でした。知らないうちに、私の視覚の焦点はひとつの丘に向けられました。

その場所には丘の背に沿って木々が立ち並び、その前にスプリット・レール（丸太を割って作った横材）のフェンスが設置されていました。そのフェンスは途切れることなく何マイルも何マイルも続いているように見えました。北軍の制服に身を包んだ兵士たちが、フェンスの後ろ側に据え付けられた大砲で砲撃をしていました。私の左側を見ると、数千人もの南軍兵士たちが、丘に向かって駆け上って来るのが見えました。大砲の弾が狙った的に命中して炸裂すると、数百人もの兵士たちが丘の麓《ふもと》に転げ落ちていきました。

そのとき、私の目は一人の南軍兵士に向けられました。銃剣ライフルを上に立ててフェンスに近づこうとしていた彼の目前で大砲が轟音をあげ、大量の煙が吹き上がりました。そのとき、その若い兵士は大砲からわずか3メートルぐらいの距離にいたのですが、あたかも一陣の風に舞い上げられた木の葉のように、彼の体は数メートルも吹き飛ばされたのです。

それは本当に恐ろしい光景でした。私は彼の身体の上に移動して、空中から彼を見下ろしました。彼は顔を上に向けて身動きひとつせずに横たわっていましたが、その顔の左側は吹き飛ばされ、頬骨《きょうこつ》から目のすぐ下までの肉がすべてなくなっていたのです。

その顔を見たときの恐怖は言い知れぬものでしたが、それだけでなく、突如としてあることに気付いたため、私ははっと息をのみました。「私はその若者を知っている」と思いました。しかし、如何《いか》にしてこのようなことが可能になったのか？そのとき、内なる私自身の声が聞こえました。

「彼はあなたです。これはあなたに死をもたらしたアンティータムの戦い※です。この人生においてあなたは、戦士の役割を経験するという再度の選択をしました。そして、戦争の無益・虚しさを魂のレベルで実感しました。それを決して忘れないために、戦いへの関心をずっとつないできたのです。

それは戦士としての一連の人生に起因するものであり、この人生においてあなたは、鏡を見るたびにそれを想起させられるのですが、これは今生の終わりまで続きます」。

私のソースが言及しているのは、私の生まれつきのあざのことです。私の左目のすぐ下から頬骨に至るまで、皮膚の色が赤く変色しているのです。私の少年時代、両親は何とかしてそれを消そうとしましたが、どのような治療を試みても、その色を蘇芳《すおう》色（黒みを帯びた紅色）から淡褐色に薄れさせるのが精一杯でした。

そのあざは今に至るまで残っていますが、私の内なる声が言ったように、それは私に戦争の危険性を思い起こさせるためなのです。

※アンティータムの戦い：南北戦争の中盤（1862年）に行われた戦闘。両軍合わせて

約2万3000人の犠牲があり、合衆国史上、単一日として最も流血の多い戦闘となった。

地球における命の循環

私は子供時代、病気のため長い期間を家で過ごしたのですが、そのとき、独学でモールス信号を覚えること、および、電子部品や鉱石ラジオのセットをあれこれいじくりまわして研究することに楽しみを覚えました。たった今「独学でモールス信号を学んだ」と言いましたが、多分、「最初にモールス符号を見たとき、私はすでにそれを知っていた」というのが一層正確な言い方でしょう。

ある日、『ポピュラー・エレクトロニクス』という雑誌をめくって調べていたとき、読んでいた記事の中でモールス符号表に出会ったのです。当時、私と同じ年頃の多くの少年たちが鉱石ラジオを作っていましたが、その翌日、私も胸をワクワクさせながら同じことをして楽しみました。

そして、ひとたびそれを接続してチャンネルをモールス信号の局に合わせると、モールス符号が理解できることが分かりました。どういうわけか私は、モールス信号の文字を知っていただけでなく、即座にそれを理解し、符号化されたメッセージを読み取ることができたのです。

あのとき以来、私は線状アンテナのことで頭がいっぱいになり、ワイヤー（金属線）から成るあらゆる種類の受信装置を自作しました。説明するのが難しいのですが、ラジオ技術に関しては生まれつきの才能があったようで、あたかも私は、あらかじめその知識を前もってプログラムされてからこの世界に入ってきたかのようでした。私の家の隣人たちはしばしば、「隣家の変な病弱の子供は、やぐらやアンテナを作って一体何をしているのだろう」といぶかったに違いありません。

以後の人生においても、私は無線電信への興味を持ち続けました。成人してから、自分がマサチューセッツ州ケープ・コッドに惹かれていくのに気付きました。今もなおそこには、グリエルモ・マルコーニによって造られた古い無線電信の施設があります。彼はカール・フェルディナンド・ブラウンと共に無線通信を発明したイタリア人エンジニアで、それによる貢献が認められ、１９０９年にノーベル物理学賞を受賞しました。

かつてケープ・コッドには無線通信設備やアンテナがありましたが、それらの古い写真以外には、現在見るべきものはあまりありません。にもかかわらず私は、長年にわたって何度も何度もそこを訪ねました。長い年月の間に海岸線が変わってしまったため、無線基地の一部は今もなお残っているものの、大部分は海に没してしまったのです。

１９９６年、ぎっしり詰まったスケジュールから離れてひと休みすることが、シンシアと私には必要でした。私たちはカナダ、ノバ・スコシア州にあるケープ・ブレトン島への小旅行を計画しました。ノバ・スコシアは私の父の最初の故郷であり、カナダのハリファックスは、父の家とその敷地からわずか6キロメートルぐらいの距離です。ハリファックスは素晴らしい街です。シンシアと私は、ケープ・ブレトン島とカボット・トレイルに向かう前に、そこで週末の数日間を過ごしました。

その地域は息をのむほどの景観美に恵まれていて、数多くの旅行者が、ケープ・ブレトン島を通り抜けて目的地へ向かい、その景色に見惚《みと》れます。夜が来るとすぐに町は閉じられて活動を停止しますが、翌朝になれば再び観光客がこの小さな町に押し寄せるのです。

夕食後、街を散策していると小さな書店に行き当りました。夜の予定は特になかったため、「横になって好きな本を読もう」ということになりました。20分ほどの時間をかけてその書店の棚をざっと見たところ、残念ながら、私にひらめきを与えるような本は見つかりませんでした。

あきらめてその店を出ることにしたのですが、通路の突き当たりを曲がったとき、棚から落っこちそうになっていた1冊の本が目にとまりました。その本を棚に押し戻した際、その書名『マルコーニと彼のケープ・ブレトン島での人生（Marconi and His Life in Cape Breton）』が私の目の片隅に映りました。

偶然の一致でしょうか？その本を開いてザッと目を通したとき、電気が私の背骨を駆け上がり、そして駆け下りたような感じがしたのです。これは、注意を払うべきものに私が出くわしたときに必ず起きる現象であり、すでに潜在意識で分かっているが顕在意識レベルでまだ十分留意していない物事がある場合、私の直感がそれを身体の感覚でもって教えてくれるのです。すぐにその本を買い求め、私たちはホテルに戻りました。

私は部屋に戻ってからずっと、マルコーニの人生についての本を読み続けました。そのとき私は、本の中の写真を見て文章を読んでいただけではありませんでした。目の前に現れる映画のような光景、そしてマルコーニ、彼のボートや両親——これらの画像も一緒に見ていたのです。

どの画像も本にはありませんでしたし、それまで私も見たことはありませんでした。私たち二人の人生には類似点があること、そして、心の深いレベルで私の感情をかき立てる不思議な一致点があること——これらは否定し難いものでした。マルコーニの母親の姓は、有名な『ジェムソン・アイリッシュ・ウイスキー』と同じジェムソンです。私は酒飲みではありませんが、ときたま食事の際にビールやグラス・ワインを楽しみます。しかし、カクテルを勧められるときはいつでも——これは今に始まったことではありませんが——ジェムソン入りのコーヒーを注文します。20代の前半からずっと、これが私のお気に入りの飲み物なのです。

ジェムソンはまた、南北戦争従軍兵卒だった若者の名前『ジェミソン』に極めて似ています。どの程度重要なのかは分かりませんが、これも不可思議な一致点の一つです。

マルコーニの家系と私の家系の間にも類似点が見られます。私の父方の一族はアイルランド系であり、もともとは同じ地域出身のジェムソン家です。一方、私の母方の一族はイタリア系で、マルコーニの父方の一族と同じ地域の出身です。双方の家系にこのような親密性があるということは、私が過去生においてグリエルモ・マルコーニであったことを意味するのでしょうか？そうかもしれません。

いまだかつて会ったことがない人々および行ったことがない土地や場所――これらについてのヴィジョンを私が見たからといって、必ずしもそれは「私がこれらに関わる元々の経験をした」ということにはならないと思われます。しかし、マルコーニの娘さんによって書かれた彼の人生の物語を読むと、私たち二人の人生における類似点が次から次へと出てくるのです。

時間の面では、私がかつてマルコーニであった可能性は否定できません。彼は１９３７年に他界し、私は１９４２年に生まれたからです。「彼の娘さんに連絡を取って、彼女のお父さんに関して私が知っていることを話そう」と考えたことはこれまで何度となくあります。しかし、私の内にある何かは「まだそれをするときではない」と言い続けているのです。

——私は多くの人々の前でカルマと輪廻転生について話しました。彼らは「そのような命の循環の可能性を議論することはとてもおもしろい」と感じたようですが、それにもかかわらず、実際はそれを信じていません。

いかなる種類のものであれ、死後の人生を理解することは困難です。それについての私たちの考えは、自分自身に関して私たちが持っている信念と表裏一体であり、この人生において曲がりなりにも確かであると思える私たちの選択と密接な関係があります。

たとえ輪廻転生が宇宙の真の働きの一部であっても、過去生において私たちが誰であり、何を為したのかを確実に知ることは決してできません。私にとってこの問題は、輪廻転生の仕組みがあるかどうかということではなく、むしろ次のような問いかけなのです。

もし私たちが「地球における命の循環が可能である」と信じることができるならば、果たしてどのような恩恵や学びが得られるだろうか？

時空を超える夢の中の旅に自分の意識を開き、単にそれを証言する旅人ではなく、その時空の一部である者としてこれらの世界を探索することにより、人類の相互連結性、人類の過去と未来、地球、そして宇宙のすべてについての私自身の認識が高まっています。

以前、私は「超古代文明が実在したことを裏付ける新たな証拠が発見されるだろう」と予測しました。もし、この予測が近い将来に的中すれば、おそらくは、輪廻転生が実際に機能している仕組みであることを立証する上で、夢による私自身の過去生への旅が多少なりとも役に立つことでしょう。

訳者あとがき

本シリーズ3編は、ゴードン・マイケル・スキャリオン氏の著書“Notes from the Cosmos”に基づいています。直訳すれば『宇宙由来の覚書』のようなタイトルとなります。この本の冒頭の『謝辞』において、スキャリオン氏は次のように述べています。

ポップトップ缶（飲み口が引き上げ式の缶）を初めて見た時、私は非常な感銘を受けました。その時のことは今でもはっきりと覚えています。そのデザインのあまりの簡潔さゆえに、私は「なぜ誰かがもっと早くこのアイディアを提示しなかったのだろう」という素朴な疑問を持ちました。何事にも潮時というものがある……これがあの時私が推測したことでした。すべての準備ができれば、何事も驚くほどやすやすと世に出ていけるのです。缶のデザインを完成させるのには数年かかったようですが、それは、主だった数人の人々の熱心さによって初めて達成されたのだそうです。

“Notes from the Cosmos”についても同じことが言えます。その最初の草稿を作成するのに6年以上かかりました。ポップトップ缶の場合と同様、有能かつ洞察力のあるごく少数の人たちが、私を助けて長い時間懸命に働いてくれました。そしてこのプロジェクトを完了させてくれたのです。もしもその人たちの献身的な努力が無かったならば、あなたがこの本を読むことはなかったでしょう。

本書の場合もまったく同様です。私が“Notes from the Cosmos”の翻訳をスタートしたのは2012年のことでしたが、それは途中でストップしてしまいました。内容が形而上学的で難解だったことがその主たる理由です。

しかし、不思議な縁でそれが2015年に再開される運びになりました。月刊情報誌『ザ・フナイ』掲載の記事を執筆するという機会を頂いたためです。これが毎月原稿締め切り日を伴うノルマになり、そのため翻訳が着実に進むことになりました。この機会を与えて下さった船井かおり氏（当時の『ザ・フナイ』副編集長）には本当に感謝しています。

“Notes from the Cosmos”に基づく記事の連載は2018年の春に終了し、その後、編集責任者としての仕事が船井氏から赤塚万穂氏にバトンタッチされましたが、『ザ・フナイ』への連載は途切れることなく続いています。“Notes from the Cosmos”の連載記事を単行本にするというアイディアは、船井かおり氏が最初に出して下さったのですが、さまざまな事情でなかなか具体化しませんでした。しかし、赤塚万穂氏がきれい・ねっとの山内尚子氏を紹介してくださったことで、やっとこのプロジェクトが前に進むことになったのです。
まさにスキャリオン氏が言及した諺「何事にも潮時というものがある」の通りです。山内氏が、連載記事の内容に基づいて3編に分ける、という素晴らしいアイディアを出して下さり、それに伴う手間のかかる編集をしてくださったおかげで、このプロジェクトが完了に至りました。その実現に寄与して下さった船井かおり氏、赤塚万穂氏、山内尚子氏に、あらためて心から感謝の意を表したいと思います。

2021年　新春

金原博昭

著者紹介

ゴードン・マイケル・スキャリオン

Gordon Michael Scallion

未来予見者かつ形而上学・意識研究分野の第一人者であり、ベストセラー"Notes from the Cosmos : A Futurist's Insights Into the World of Dream Prophecy and Intuition" の著者。電子工学を専攻。

1979 年に健康上の危機に見舞われことをき っかけに自己再発見に導かれ、1982 年に究極的に高次の意識（超意識）に繋がる能力が覚醒し発動した。

現在は配偶者兼仕事上のパートナーであるシンシア・キース氏と共に、米国北東部ニュ ーハンプシャー州に在住。両氏はこれまで、形而上学分野の研究結果を本およびオンライン情報誌を含む種々の情報媒体で出版すると共に、全国ネットのテレビ番組やラジオ番組にも幾度となく出演してきたが、数年前にこれらの啓蒙活動から引退している。

訳・解説

金原 博昭

（きんぱら ひろあき）

東北大学理学部物理学科卒。米国に本社のある多国籍複合企業 TRW に 35 年間在籍し、主として企画・営業に従事。現在鎌倉に在住、数学および神聖幾何学を含む超古代科学の研究、タロット・カバラーの学習と実践、形而上学分野の書籍の翻訳や情報の発信等に専心している。5 年以上にわたり月刊情報誌『ザ・フナイ』の連載記事を執筆。

オリオン形而上学研究所を主宰

http://www.orion-metaphysics.com

主な訳書：『高次元存在ラマ・シングに聞く：死後世界へのソウルガイド&ナビゲーション』（徳間書店）、『あなたもペットと話 せます』（Kindle 本：オリオン形而上学研究所）。

この星の 未来を創る 一冊を
きれい・ねっと

時を超える予言

2 人生への活用編

2021年3月11日　初版発行

著者　ゴードン・マイケル・スキャリオン
訳・解説　金原博昭
発行人　山内尚子
発行　株式会社 きれい・ねっと
〒670-0904　兵庫県姫路市塩町91
TEL：079-285-2215 / FAX：079-222-3866
http://kilei.net

発売元　株式会社 星雲社（共同出版社・流通責任出版社）
〒112-0005　東京都文京区水道1-3-30
TEL：03-3868-3275 / FAX：03-3868-6588
デザイン　小林昌子

ISBN 978-4-434-28610-0